股市新疲态下还有机会吗？互联网金融为何在退潮中风险频现？
房价的拐点在哪里？为什么央行应视存量债务置换为改善货币调控的机会？

读懂中国经济未来走向，发掘资产保值增值之道

中国经济还好吗？

新常态下的财富困局与突围契机

钟伟◎著

ZHEJIANG UNIVERSITY PRESS
浙江大学出版社

自序　以一颗自由而无害的灵魂

　　近年来,"经济学家"这个称谓和群体形象并不太好,财经文集的出版也反应平平。在过去 20 年,我既出版过学术著作,也写过财经随笔集,不免会有一种疑问:既然经济学家的整体形象不佳,为什么中国民众仍然需要他们?

　　一种可能的解释是,经济学家是个很宽泛的群体,这个群体覆盖了传统媒体和新媒体的财经记者、高校和研究所的学者、金融机构和咨询机构的商业性研究人群以及大量所谓新型智库的研究人员。这个群体如此庞大,自然会良莠不齐,不少知名度很高的所谓经济学家,甚至并没有接受过任何经济学的基础训练。如果试图以名博利,难免就会行为失当。

　　另外一种可能的解释是,面对错综复杂的经济现象,中国民众需要经济学家的帮助,哪怕其中不少所谓帮助并不太靠谱,甚或是纯粹忽悠。也许不少民众以为,经济学家群体具有他们不具备的超常智慧和专业技能,因此愿意去阅读去倾听甚至轻信他们的言论。由于行业隔阂,普通民众确实很难甄别哪些研究者是靠谱的,而哪些是哗众取宠的,最终名气大、语言通俗易懂者会获得更多关注。

　　其实经济学家很难否认这一点:他们本质上并不具有预测经济运行的能力,更不具有指点民众如何才能发财致富的秘诀。经济学家很可能被有意无意地推上了指点江山、解剖财富密码、前瞻政策得失的"国师金主"甚或"神棍"的神坛。

　　面对这个被互联网大大压缩的时空，我们确实需要一颗自由而无害的灵魂。所谓无害，是指你的存在对你赖以生存的社会、国家和民众，至少不是一个有害角色。或者说，没有人因为你的生存而受到了太大的伤害。你可以是伟大的或者卑微的，显赫的或者无名的，你可以是不可一世的成功者或者不名一文的小角色，但你至少应该是无害的。那样便好，活着时心安，心无亏欠地走了也了无痕迹。所谓自由，是指你的存在，哪怕你的肉体和生存有着诸多的限制和无奈，但即便把我们关押在果壳之中，我们也仍然有自由得像宇宙王一般的灵魂。许多事我们无法做，许多理念无法表达，但自由的灵魂从未失去。

　　以一颗自由而无害的灵魂，我们这样安静地活着，就拥有了三条命。第一条命是真实的生存之苦，今天的老人也曾是昨天的孩子，我们总是要在滚滚红尘中走过一生。第二条命是虚幻的爱情之美，诗酒年少的爱情，茶醉书香的中年幻境，甚至不肯老去的隐秘之爱，总是那么美好，随着生命这团蛋白质的灭失，因荷尔蒙失衡而衍生的爱情，也会消散。第三条命是阅读、思考和写作。即便一切文字只是付诸流水，不是藏之名山，但我们的生存和爱，因为我们的文字而编织出了一条或绚烂或苍白的生命，它驻留在这个世界的时间，长过前两条命。

　　我们已经失去很多，而所谓经济学家或者普罗大众，似乎并没有太过留意，甚至没有叹息。我们住在钟鼓楼畔，但早上起来却不再天真地推开窗，期望深深呼吸一口带着青草味的新鲜空气，听钟鸣鸟声。我们走在黄浦江畔，但无论正午还是黄昏，我们却不再天真地低头，期望江水波浪中突然跃出一条大鱼，或从江堤爬上一队螃蟹。我们对股市、楼市、人民币、外币投入了太多的热情，我们被互联网、出境游和人生的小目标激励得太急切，我们所失去的，也许比我们想象中更多。

　　我们究竟要怎样美好的明天？还是我们只是想要无节制的、由我们武断定义的更好的明天？许多时候，也许仅仅是我们不够寂寞，不够以一颗自由而无害的灵魂来对待这个世界而已。

　　由于日渐懒惰或者日渐不愿去表达，也由于我的视力每况愈下到很糟糕的程度，在2012年11月写完《国家破产：主权债务重组机制研究》一书之后，我相信我已不会再出版任何书籍。热情不再和视力模糊不是关键，关键在于，我逐渐怀疑自己或平淡或专业的所谓研究的真正价值到底几何。在我看来，大多数书籍、杂志和文字自始至终都不应该被印刷出来，更不值得被传播，以免浪费地球本就不多的资源，而成为一种有害的举动。很感谢蓝狮子的陶英琪，她的坚持和鼓励让我动了心；感谢策划编辑李姗姗，我有从不保留自己文稿的习惯，我的文字也不像年轻时那样精致、无误、干净，这给文档收集、整理和编辑带来了巨大困难。如果本书给您带来些许收获，那我会如释重负；如果本书让您觉得浪费了纸张油墨，那我会羞愧自责。但请相信，文字后所隐藏的，是一颗自由而无害的灵魂。

钟　伟

2016 年 11 月 12 日

于北京　知止斋

目 录 |CONTENTS

目录

第一章

何妨以历史之名解读货币

央行资产负债表应扩张而非收缩

在整个"十三五"期间,中国经济都将处于转型中,局面类似于 1998—2003 年。次贷危机爆发至今的 7 年多时间里,中国经济的结构转型进展有限,现在看来,拖延改革是最大的系统性风险。许多问题积累到今天,不仅是"too big to fall"(大到不能倒下),而是"too big to exist"(大到不能继续存在)。

货币政策也面临诸多挑战。在此笔者给出了 5 点建议。

1. 货币政策宜全力迎战"费雪债务"

费雪债务指的是一国经济增长、通货缩紧和债务膨胀之间相互作用、相互增强的恶性循环。如果陷入这种循环,经济萧条将带来通缩,如果货币政策没有适当的对冲措施,则债务增长有可能快于资产形成,最终使经济陷入危险境地。

现在看来,中国已显露出陷入费雪债务的一些征兆。例如通缩,以 GDP 平减指数来观察,中国当下的相关状况已比东亚金融危机期间更为糟糕。例如国企已呈现出债务膨胀比资产积累更快的势头。当经济体陷入费雪债务时,萧条和通缩会使债务危机加速爆发。

费雪给出的"药方"是,努力推动货币的对内和对外贬值,以缓解甚至逆转通缩,为经济复苏提供可能。从费雪债务效应看中国货币政策,指向很明确:对外贬值,对内贬值,全力迎战通缩。

2."利率走廊"不宜太宽

让我们回到一个古老的费雪公式,即 $PY=MV$。在这个公式中,M 是流通中的货币供给量,产出 Y 是慢变量,物价水平 P 的变化也不是足够快,但货币流通速度 V(更准确地,其实应是货币乘数)是不可控的快变量。

我倾向于认为全球没有任何央行有能力高频检测 V,更不可能具备迅速调控 V 的能力。因此,在经济运行处于非常状态时,要将货币供应量维持在比较机械和稳定状态是不可能的。例如经济增长为 0,通缩为 -2%,并不意味着该国央行应将 M2 的供应控制在 0 以下,这正是日本率先提出和实施量宽操作的历史经验。再例如,经济下行期间,V 将持续放缓,迫使央行对货币供应量做出对冲性的扩张,如果 V 缩减一半,货币供应就应扩张 1 倍,否则市场仍会感觉流动性紧张。

当下中国的情况便是如此,不管央行统计是否曾奇迹般地出现 M2/M0 的改善,我们都应认识到,中国经济转型和衰退将导致货币流通速度持续下降,中国私营企业和居民正在迅速增持现金,大量现金将处于既不投资也不消费的货币窖藏状态。

我无意否定货币主义和泰勒规则,那些都是经济处于常态时的规范表述,但甚至弗里德曼本人也在《美国货币史》一书中多次指出经济萧条时央行持续释放流动性的必要性。因此在当下,在价格和数量并重的背景下,中国央行宜以价格优先,数量次之。在萧条和恐慌状态下,由于货币流通速度的完全不可控性,央行试图控制货币数量的努力通常是徒劳的,控制货币总量的尝试应在经济复苏明朗化之后。

当下中国央行仍在价格和数量之间存在兼顾矛盾,矛盾的突出点就在于"利率走廊"。通俗来说,也就是利率区间管理,这种区间管理给数量控制以一定余地。或者可以这么说,处于越窄的利率区间,意味着央行越将价格置于优先考虑位置,而将数量置于其次；处于越宽泛的利率区间，则意味着央行对价格优先的考虑越不坚决，对数量控制恋恋不舍。

从 2016 年年初一个月的货币市场运行情况看，央行"利率走廊"太宽，传递给市场的信号是央行对市场流动性的松紧有非常大的容忍性，因此利率走廊没能发挥稳定市场流动性的良好功能，也给金融体系带来了不少困扰。在我看来，过于宽泛的利率走廊，最终可能沦落为流动性异常时的干预预案，也就是它的政策指向仅仅是为了避免"危机性的钱荒"重新出现。

3. 走向零利率和有序信用重组

当我们重新思考如何降低实体经济的融资成本时，就需要关注融资成本的构成。

本·伯南克在这个问题上提出过一个清晰的设想。[1] 融资利率＝无风险利率＋信用溢价。其中无风险利率取决于货币政策的宽松程度，与信用溢价无关；信用溢价取决于融资主体的违约风险，与货币宽松无关。因此一国央行只能影响融资成本，但不可能决定融资成本。本·伯南克在研究中引入 CCI 因子（美 10 年期投资级企业债收益率－美 10 年期国债利率）来衡量信用溢价，信用溢价通胀是逆周期的，因此尽管央行做出了很大努力，经济衰退将导致融资主体违约风险持续上升，最终融资成本也是趋升而非下降。

重复上述简单事实，在于说明从货币政策角度看，行其可行，禁其不可行。就无风险利率而言，中国央行至少应在面对通缩风险时，将"零利率"作为可考虑的政策取向。这是央行迎战通缩、降低融资成本所能做的。同时引导信用重组的有序性，避免违约蔓延，但央行无力降低信用溢价，这是央行不可能做到的。在当下中国对钢铁、煤炭行业实施定向去产能的尝试中，央行应容忍这些行业信用溢价的急

---

[1] 本·伯南克（Ben Bernanke），美国经济学家，前美国联邦储备局主席。——编者注

剧上升,而不是相反。

从本·伯南克的尝试看中国央行如何降融资成本,可作为的是努力将无风险利率降至零;不可作为的是冒着道德风险去控制信用违约。

4.推动央行资产负债表的扩张而非收缩

在经济好转之前,清理有毒资产通常是徒劳的。从20世纪80年代至今,美国货币政策的实践是,政府买入"有毒资产"并进行封闭,等待经济复苏之后再逐步处置"有毒资产"。随着中国经济的艰难转型,金融体系的不良资产也将逐步上升。央行面临如何向金融体系注入流动性的挑战。

在中国,外汇储备兼有资产性和负债性,资产性体现在其出现在央行资产负债表的资产端;负债性主要体现在央行资产负债表的法定准备金要求上。这大致是中国人民银行行长周小川所称的应对外汇储备增加做一个"池子"的形象描述。

当下随着外汇储备规模的持续下降,准备金和超储余额也有下降趋势,这带来了中国央行资产负债规模的收缩趋势。这一点非常有趣,一国央行资产负债表的收缩无论如何难以和扩张性货币政策挂钩。如果央行资产负债表持续收缩,将给中国实体经济复苏带来更大困扰。

我们认为,可行的做法是央行和商业银行之间,启动较大规模的再贷款—长期信贷资产之间的互换。这些银行体系内的长期信贷资产,所指向的基础资产大致是基建贷款和保障房建设贷款,贷款主体不是地方政府就是国有企业,也就是说,在央行以再贷款和银行的长期信贷资产互换时,是央行信用、地方政府信用、国有企业信用三方的交换,最终信用主体指向的都是国家信用。

央行可能会对这样的操作犹豫不决,毕竟目前商业银行贷存比并不高,银行获得了央行的流动性,会去做有利于实体经济的事情吗？这种担心是一种多虑,目前中国重要银行几乎都是国有的,从本质上说,这种互换是未来央行维持资产负债表不萎缩甚至有所扩张的重要手段;这些长期信贷资产究竟是优质还是有毒,也很难判断,但其违约责任是相对明确的。

从阻止央行资产负债表收缩看,央行和商业银行之间的再贷款—长期信贷资产互换的必要性日益上升,央行和银行资产负债表的重叠,为央行主导下的金融超级监管以及央行未来主导资产证券化,打下了必要基础。

5. 挑战"过冲贬值"的可能性

人们容易观察到,零利率也好,"双降"也好,都会对维持人民币汇率稳定带来更大压力。人们在讨论货币政策的"不可能三角"[①],其实"不可能三角"可以简化为"不可能对角",也就是央行只要选择了资本管制,那么货币政策独立性一定受到损害,这和该国选择了固定还是浮动汇率制度无关。

从三元悖论到二元悖论,显示了全球几乎只有美联储可以拥有近乎独立的货币政策决策,其他国家央行都受到美联储政策外溢的冲击,2016 年以来全球资产价格空前联动地发生共振,显示了全球主要央行的政策协调和政策透明度的重要性。从避免"费雪债务"效应看,推动人民币对内和对外双贬值来全力抗击通缩是必要的。就对内的货币努力而言,央行资产负债扩表、持续"双降"、零利率取向等是未来的可能趋势;就对外的货币努力看,顺应汇率市场化、透明化,使得人民币国际化能从相对正确的汇率信号出发,是必不可少的。但当下央行明显陷入了对内和对外政策相互冲突的犹豫之中,有可能导致的短暂政策取向是:对内流动性的数量和价格宽松不足,同时对外汇率调整也"一步三回头",这会让市场更无所适从,也会让费雪债务威胁加深。

从改革开放以来的中国汇改历程看,1994 年汇率并轨之前,人民币汇率调整是阶梯性贬值,1994 年是"一次性过冲贬值",2005 年 7 月和 2015 年 8 月都是一次

---

① 不可能三角(Impossible Trinity),是指经济社会和财政金融政策目标选择面临诸多困境,难以同时获得三个方面的目标。在金融政策方面,资本自由流动、汇率稳定和货币政策独立性三者不可能兼得。——编者注

性小幅调整。从 2005 年至今，人们知道央行对汇率有参考篮子，但这个篮子蒙着黑布。现在人们必须思考，汇率幅度是不是一个无法回避的必取目标？如何达成才能使得成本最小化？

当下中国，如何重写汇率政策的未来？在不能和不愿之间，需要做出选择，而作为收效良好的 1994 年的尝试，即"一次性过冲贬值"，似乎被放置在了央行工具箱的角落里。

综合以上 5 点思考和建议，中国央行目前的政策手段，仍然在宏大的金改路线图和实践中的"走着瞧"之间，缺乏有效连接的桥梁，目标长远而清晰，执行相机而临时。金融体系也日益呈现虽有蓝图、活在当下的无奈。

（本文写于 2016 年 1 月 26 日）

中国会否走向零利率甚至是负利率

近年来，一些经济体在货币量宽之后陆续陷入了负利率状态，人们对负利率现象的分析莫衷一是。在我们看来，考虑到全球经济增长乏力，产能过剩和通缩严重，负利率很可能会持续并蔓延一段时间，负利率政策给资产价格带来了重估压力，使社保和寿险等长期资产管理者面临挑战，负利率也有可能以持续损害金融体系的方式来补贴实体经济，并导致财政和货币政策之间边界的模糊。如果负利率政策持续较久，也许意味着全年经济体以政府信用为支撑，以刚性泡沫为代价，在展开一场致力于转型和创新的艰难竞赛，而竞赛结果仍扑朔迷离。

1. 什么是负利率

我们认为负利率是名义利率为负，更多地表现为一国的长期国债到期收益率陷入零收益甚至负收益的状态。从以上粗略定义，我们可以看出零利率甚至负利率的一些特点：一是负利率主要指的是长期无风险利率为负，而不是利率产品整体陷入负利率；二是负利率并不意味着央行调控的短期利率为负；三是负利率是名义利率的概念，并非扣除通胀的实际利率。目前一些国家或地区陷入了负利率，例如丹麦、瑞典、瑞士、欧元区和日本等。

由此看来，一国的利率类产品决定了利率具有复杂的结构，长期无风险利率为负，不能等同于结构化的利率整体为负，尤其是风险溢价往往和负利率相关性不强。负利率可以和信用债违约潮并存。负利率可能意味着商业银行被迫从国债市场逐渐被挤出，但也并不意味着存贷款利差的消失甚至倒挂。负利率和权益类市场的关系错综复杂。

负利率现象的出现引发了巨大好奇和争议。一些学者认为负利率是非常有限、暂时和特殊的现象，另一些学者则认为负利率可能会进一步蔓延；一些学者认为负利率有助于一国去杠杆和缓解债务压力，另一些学者认为负利率可能会严重伤害一国的银行体系，甚至带来更深重的金融灾难。所以负利率政策到底是刚刚拉开大幕还是昙花一现，是对一国无济于事的饮鸩止渴还是有所裨益的大胆尝试，都还缺乏定论。

2. 探究负利率折射出的情绪

我们倾向认为负利率折射出了一国央行和金融机构对未来增长和物价的悲观预期。看起来负利率的形成通常需要三个前提：一是对本国经济增长前景的预期是弱的甚至是负面的；二是本国已长期处于低利率状况；三是通胀达不到央行预期，甚至面临通缩威胁。负利率的触发则往往是在本币面临升值压力，央行却仍看不到增长和通缩好转的时刻。三是负利率和政府债务压力的关系似乎不明朗。我们可以看到目前陷入负利率的经济体都符合低增长、通缩威胁和长期低利率的前提，并且触发负利率的时点也大致发生在本币面临升值压力之际，但这些经济体并不一定都具有高债务，一些斯堪的纳维亚半岛经济体的债务状况还是不错的，而日本或欧元区债务状况则不令人乐观。

总体上，负利率的形成是低增长、低通胀和持续低利率甚至零利率的线性外推的必然结果。它折射出政府试图维持国民收入分配现状的姿态。以美国为例，美国目前债务负担率约为 GDP 的 100%，如果美国长期国债的到期收益率约为

1.5％，再加上美国海外军事费用支出每年约为 1800 亿～2000 亿美元（约合 GDP 的 1％），可以推算出美国政府为支付长期国债利息和海外军费这两项，需要消耗其 GDP 的 2.5％，这几乎就是目前美国的经济增长速度。可以说低增长加上通缩的威胁为负利率打开了方便之门。总体来看，负利率状况在全球范围并没有缩减，反而有进一步扩张蔓延之势。

3. 负利率将如何影响银行业？

对于负利率将如何影响银行业，有些学者非常悲观，有些学者则持相反态度。在欧洲，前英格兰银行行长查尔斯·古德哈特（Charles Goodhart）指出，如果一国持续采取负利率政策，则会对本国银行业带来难以挽回的巨大压力，利差的收缩甚至消失可能迫使银行业业绩急剧恶化甚至暴发危机。一些美国学者认为，负利率状况是人类历史上前所未有的，这将会导致金融机构资产端收益率锐减，净资产收益率（Rate of Return on Common Stockholders' Equity, ROE）持续滑坡以及银行业的不断萎缩。次贷危机以来，美国银行业的资产负规模已几乎缩减了 50％，负利率有可能使银行最终陷入资产收益无法覆盖负债成本的巨大困境。而日本央行对存款准备金实施负利率的做法，似乎也没有有效刺激银行信贷的扩张，看起来负利率对银行业将带来负面冲击的判断占据上风。

在有些学者非常担心负利率对于银行业的稳健性具有长期侵蚀作用的同时，另外一些学者倾向于认为负利率对银行业的影响其实没有那么严重，这些持相对乐观判断的学者是基于下列三种假说：第一种假说是，净储蓄者逃避负利率的手段是持有黄金或者现金。即便储户因为负利率而不愿到银行储蓄或存款，其仍需为持有类现金而支付保管成本，所以对负利率没有必要大惊小怪。第二种假说是，负利率发生在基于现金使用比较少的经济体（即所谓的 less cash economy 的经济体），由于这些经济体基本上以支票、银行卡或其他电子货币支付工具为主，所以负利率相当于账户管理服务的收费。金融账户使用者并不具有逃避负利率的替代选择。第三种假说是，负利率意味着各国央行面临从创造和监管电子货币到数字货币的进一步转型，发达经济体已基本告别了大规模现金使用时代，普惠金融（Inclusive Finance）的发展依托于高度垂直封闭分布的金融账户体系，这赋予了央行比较充沛的把无风险利率降到极低甚至零以下的能力，并且不必担心现金囤积行为等带来的货币乘数下降问题。

看起来，对负利率表示悲观的学者似乎将负利率等同于利差的逐渐消失；而乐观的学者则认为利率其实是一个结构，有资产端的也有负债端的，有长端的也有短端的，有银行的也有非银行的，有无风险的也有包含风险溢价的，因此负利率既不等同于利差的消失，也不等同于大类资产无法配置，而仅仅意味着负利率下金融产品再定价和博取收益的难度空前加大。从已有的实践来看，实施负利率的经济体，其银行体系的表现有较大差异性。有些经济体如瑞士、瑞典和丹麦，其银行业似乎没有受到特别大的影响。有些经济体例如日本，其银行业有逐步从国债市场淡出的迹象，但日本央行坚称，包括量化宽松和负利率在内的货币政策仍然空间巨大。当然负利率和银行业的关系还有待时间的考验。

目前，大多数学者倾向于认为负利率会使银行体系的利差有所收缩，银行盈利能力更弱，但对负利率是否会造成银行业的灾难，意见分歧巨大。这也很正常，因为总体上来说，负利率政策是期望刺激信贷需求、刺激实体经济进行长期投资的信心，而这种刺激直接损害了储蓄者和金融中介，尤其是长期储蓄者的利益。同时由于金融机构资产端收益率下降和负债端成本的锁定，两者之间往往存在错配性。所以当资产收益率调整的速度比负债端尤其是长期负债的成本的调节更快的话，银行很可能会遭遇暂时的困难。负利率政策也可能隐含着央行应当对购入商业银行的高息长期负债负有一定义务。

4. 负利率可能加深大类资产重新定价和博取收益的挑战

尽管人们意识到了大类资产价格可能需全面重估，但我们并不太清楚，资产价格将如何吸收负利率的冲击,资产定价肯定和传统框架有所区别甚至大相径庭。

就负利率的实践看,负利率总体上拉低了金融体系的盈利能力并使其承担了更大的压力和责任,也使得资产价格泡沫呈刚性化趋势,即国家信用越来越成为资产价格的支撑力量。一是负利率对权益资产的影响。全球股市在 2014 年 10 月到 2015 年年底的这段时期,出现了市场的剧烈动荡,然后负利率状况有所蔓延。当日本、欧元区等大型经济体陆续加入到负利率阵营之后,全球股市波动性收敛,同期美股也渐有起色,甚至在低利率水平背景下还有所回升。总体看低利率或负利率有助于股市泡沫的高位维稳甚至会使泡沫刚性化。

二是负利率大致使大宗商品呈现出一个缓慢的结构性的牛市。回顾 2015 年年底到现在,全球原油价格已从跌破 30 美元到目前回升到至接近 50 美元,2016 年年初流行的油价将永远跌破 20 美元的悲观预期,目前看已接近荒诞。在农产品领域也有部分农产品的价格明显回升,例如糖、棉花、大豆等。同样地,黄金价格也有反弹,从 2015 年 7 月至今,金价大致转入回升周期。总体上,负利率有助于大宗商品价格的回升,并进而有可能带动 PPI(Producer Price Index,生产者物价指数)的回升。毕竟大宗商品的供应不可能像钞票一样快速、廉价地印刷。

负利率和商品价格之间可能隐含着矛盾性。如果负利率使得大宗商品价格能够稳定甚至有所回升的话,那么负利率所依赖的前提,即长期通缩便变得不太可信。假定负利率能够在一定程度上缓解通缩,那也就意味着负利率不会持续太久的时间。就负利率和资产价格重估的整体关系而言,负利率还使得负债端膨胀放缓甚至有所收缩,资产端尤其是资产价格的泡沫维持在高位并刚性化,使得经济运行的杠杆压力明显缓解,人们应该担忧的是,在持续的负利率之下,经济复苏和通胀哪个率先到达。

5. 负利率使私人部门加速从国债市场挤出

负利率加速私人部门从国债市场挤出,这也使货币政策和财政政策之间的边界模糊不清。一是由于负利率主要表现为长期国债的到期收益率为零甚至轻微为负，这将迫使银行不太愿意介入国债市场，甚至可能会减少国债持有量。银行也将不再愿意继续充当国债市场的主要角色，甚至退出国债市场一级交易商的行列。银行业在国债市场被央行挤出，这种情况在日本已经陆续地发生。在日本实施负利率政策之后，银行业对国债的热情明显降低。在过去一段时间，日本财政部的新发国债的最终买入者已是日本央行。二是如果挤出效应持续，那么在负利率政策之下，就形成了国债市场的新循环渠道，就国债存量而言，包括银行、寿险等金融机构对国债的兴趣下降；就国债增量而言，将主要由央行以低利率甚至是负利率买走。在实施负利率的经济体当中，最终的循环将是央行发钞，以零利率或者负利率向财政直接透支。三是除非私人部门对通缩的预期强烈而持续，否则国债持有者不仅没有收益，反而会有成本，这看起来会使长期国债的持有行为，不是在期待收益，而是在被迫纳税。四是信用债和国债市场未必是同步的，美欧的信用债市场都不太稳定，以美国为例，纽约股市上市公司的分红率几乎达到了惊人的 50%，大公司手持逾万亿美元的现金却不愿意新增投资，更多的公司在违约边缘挣扎。金融机构要么转战商品和外汇市场，要么转而对收益率略微高一些的类政府债券产生兴趣。负利率引导金融服务脱虚入实的局限性明显存在。

总体上，除非全球性通缩延续，否则负利率水平的长期国债不再是一种良好的、具有吸引力的投资品种，而是对所有的国债持有主体的税收惩罚，并加速经济体内长期储蓄者的收缩和资本外逃，并使货币政策和财政政策之间的界限日益模糊。

6. 负利率可能持续侵蚀社会保障体系

假定国债收益率是轻微的 −0.5% 或者 −1%，那就意味着一个国家为了维持其社会保障体系，政府、企业总体上为雇员所需要支付的养老金负担，由于负利率而最终上升 15%～30%；社保和寿险机构也逐渐失去了将长期国债作为基本配置的能力,负利率尤其是国债端的负利率加大了企业对雇员的养老负担和难度,加大了寿险和社保体系等长期储蓄管理者进行基础资产配置的困难,并迫使它们转而增加房地产、大宗商品、衍生品等资产配置,资产管理策略有可能反而变得激进。如果一个经济体长期实施负利率,看起来会对其养老体系构成重大威胁,并迫使政府基本养老相对于企业年金和商业寿险等其他支柱的弱化时,不得不扮演更重要的角色。

很不幸的是,当我们观察瑞士、瑞典、丹麦、欧元区、日本甚至美国的时候,我们不安地发现这些经济体大多数都受到老龄化甚至高龄化的困扰。那么负利率政策一方面加大了企业为雇员养老的负担,同时弱化了社会化养老的支撑能力,使政府的基本养老压力更大。甚至有可能出现这种极端情况:负利率之后一国央行向财政所提供的债务透支,主要并不是被财政用于生产性领域,而是用于养老等福利性领域。那几乎就意味着央行向财政透支,很可能是为未来养老体制买单,那么印钞能保证养老体系的可持续性吗? 陷入债务危机的南欧国家的现实,证明了这非常令人怀疑。

7. 负利率可能会延缓美联储的加息节奏

我们倾向于认为负利率会明显地延缓美联储加息的节奏,使美联储在 2016 年内加息非常困难,甚至有可能直到 2017 年上半年,美联储都难以果断地采取加息的步骤。其中的原理主要有以下三点:

一是需要观察已陷入负利率的欧元区和日本的经济状况,尤其是负利率的政策效果。欧洲目前还有英国脱欧、难民潮、恐怖袭击风险、俄欧关系冷淡等一堆麻烦,看起来欧洲央行的利率政策很难有明显转向的余地,它可能会被迫采取更温和持续的数量宽松和价格宽松的措施。日本的情况有过之而无不及,日本国债余额对 GDP 的比值已经达到了人类历史上惊人的 260%,同时欧元和日元在过去半年面临升值压力。欧元区和日本采取负利率政策部分地也是为了抵消欧元和日元升值的压力。

二是和欧元区及日本相比，斯堪的纳维亚半岛和瑞士等经济体的体量也不算小，因此如果这些经济体纷纷陷入负利率，相当于已让美元间接加息。因为原来美元的利率基准可能是零，而现在美联储可能发现其基准已经为负利率。由于欧日已处于负利率下的本币升值困境，这也可能会使美元汇率的走势变得更加不确定。

三是我们倾向于认为在负利率的压力之下，美联储会对加息采取更谨慎的态度。它需要兼顾本国的经济复苏，需要兼顾本国资产价格尤其是美国股市和房地产能不能稳定，需要兼顾美元汇率会不会对其外贸构成压力，需要尽量避免加息决定对其政治大选局势的影响。总体上看，负利率使美联储加息更谨慎，美元持续强势的可能性更低。

8. 中国离负利率有多遥远？ 依然很远但并非遥不可及

我们倾向于认为，中国在未来也将走向低利率，不排除零利率甚至负利率的可能性。较低的利率可能会有利于暂时缓解中国经济潜伏的各种凶险。

一是金融资产和货币供应的膨胀，对持续利率下行构成期待。2015 年年底，中国 M2 余额大约为 140 万亿元，金融资产余额可能在约 180 万亿元。从 2004 年 M2 首次突破 25 万亿元以来，几乎每 4 年半到 5 年便实现翻番。估计目前中国 GDP 占全球 GDP 的约 16%，但 M2 的全球占比则约 30%，中国目前 M2/GDP 大约是 2 倍。如果 M2 的增速为 10%，GDP 的增速为 5%，那么 5 年内 M2/GDP 可能超过 240%，这究竟意味着什么很难判断，但肯定令人不安。如果资产端的利率仍然维持在较高增速，这会和 4%～6% 的经济增长及 2%～2.5% 的物价增长逐渐脱节；资产端即便索取 5% 左右的预期收益，也几乎意味着在每年 10 多万亿元的新增信贷中，几乎有至少 50% 以上是为了偿还利息。如果说次贷危机之前中国金融资产的快速膨胀，还可以用中国从消费品、土地、房产到社会保障的货币化进程来解释的话，当下增长和通胀双低的格局，决定了中国也可能面临长期低利率的召唤，金融资产的膨胀，脱离了实体经济资产规模和收益水平，那么这种膨胀有可能陷入自我循环,并最终塌陷。

二是中国的债务现状,对持续利率下行构成期待。目前中国政府债务、非金融企业债务、金融企业债务和家庭债务相对 GDP 的占比大约分别为 60%、130%、70% 和 40%,总债务负担率约在 300%,这个比率和日本、欧元区主要国家,甚至和新加坡、韩国相比并不算高。但不幸的是,其中中国非金融企业 130% 的债务负担率是最高的,实体企业负债约在 100 万亿元,每年利息负担约 6 万亿元,这几乎等于规模以上企业的利润总额。中国政府已成功地通过地方政府存量债务置换,使地方债利率从 10% 下降至 3.5%,每年为地方政府节约利息负担 2000 亿元。企业利息负担可分为无风险利率和风险溢价两部分,如果当下企业融资成本为 6%,考虑到 1 年期定存利率为 2.75% 和 10 年期国债到期收益率为约 3%,则中国企业的信用溢价略高于 3%。很明显,信用溢价并不能通过货币政策来调节,它主要取决于实体企业的投资预期收益率。进一步考虑定存利率受制于 CPI 走势,则当下可行的企业降杠杆之策,是努力压低接近 3% 的长期国债利率。这隐含着中国央行和财政有必要强化政策协调,尤其是以央行增持国债为手段,引导无风险利率的不断下行。

三是如果中国被迫走向低利率甚至零利率,则意味着中国金融机构可能需要为中国经济转型承受更大压力。目前中国规模以上工业企业主营业务的税后净利润率的水平在 5%~6%;而银行业的 ROE 仍处于 15%~16% 的高位。如果中国走长期低利率之路,则金融体系的 ROE 会进一步下降,资产质量有可能持续恶化,同时央行和监管部门也将不得不采取更大力度的基于宏观审慎的逆周期管理措施。金融体系所付出的代价,其实质是为实体经济的转型买单,当然实体经济减轻债务压力之后能不能成功转型,那是另外一回事。毕竟中国实体经济的困境并非主要由债务压力所致。

四是如果中国走向低利率甚至零利率,可能导致负债结构剧变。如果中国资产端收益持续下行,尤其是金融资产和金融机构的收益持续下行之后,负债端利率也必然会被迫呈现持续下行的调整压力。过去四年,由于利率市场化的推进,影子银行的膨胀和收缩，互联网金融的蔓延和破裂，财富管理的发展和整顿等，都以利率的剧烈波动掩盖了利率随着经济下行和实体经济收益率下行而必然下行的趋势。负债结构可能呈现较为复杂的变化，一是政府可能会在数字货币不断崛起之后，才逐渐意识到必须规范和收敛现金的大规模使用，制钞印钞加速呈现产能过剩和转型无望的特征；二是由于个人所得税制度的薄弱，中国高储蓄高净值人群实际上并没有足额缴纳个人所得税。因此负债端的低利率甚至零利率趋势，可以在一定程度上防范中国收入分配的加速恶化；三是在银行存款储蓄不再具有明显的吸引力的同时，储蓄率也将不断下行，这迫使银行加速转向主动负债，并且谋求以资产证券化等方式处理低流动性的长期资产。或者说，西方银行在过去20年负债端所发生的一切，有可能在中国加速发生。

五是如果中国实施更低的利率甚至陷入零利率的话，也许会使央行面临货币供应渠道不顺畅的压力。人们不难预见存款准备金率的持续下行（尽管在普通人看来准备金利率为负的情况仍不可思议），不难预见央行对扩张性财政的支持作用至关重要，也不难预见中国的金融资产总量和各口径货币供应量的增长可能很快陷入个位数增长状态。至于低利率给人民币汇率带来的压力，似乎可以忽略，原因在于阻挡资本外逃的有效手段，往往是严厉的资本管制而不是本币高利率。在美国总统大选之后，国际社会到底会对中国的人民币施加升值的压力，还是容忍人民币顺应市场信号有所调整，目前还莫衷一是。总体上来说，现在我们还无暇顾及低利率政策对人民币汇率的影响问题。

六是如果中国经济也面临类似日本的低增长、低通胀甚至长期低利率，那么和日本政府逐渐堆积了高债务不同的是，中国可能需要同时考虑巨大的货币发行以及政府和金融机构负债两方面的情况。目前M2/GDP约在200%，政府和金融机构债务约在130%，那么中国政府所面临的"政府刚性泡沫"合计就在330%，或者说，我们也许应该将财政和货币困境叠加考虑，无论是财政还是货币因素导致的政府债务，本质上都是以国家信用兜底的永续债务。从已实施负利率的经济体看，除日本之外，其他经济体的主权债务负担均有所减轻，或者说负利率促成了政府债务缩减。

综合本文提出的 8 点,人类逐步进入到负利率时期,其前景非常难以判断,但很有可能负利率并不是昙花一现的暂时过客。如果我们看到全球经济复苏疲弱无力,人类从 20 世纪 80 年代开始到现在经历了利率的长期下行,并且目前没有任何迹象显示出全球会有通胀的威胁。全球产能过剩保证了通胀预期不太可能迅速抬头。加总这些因素,负利率可能仍会逐渐蔓延,直到复苏和通胀明朗化为止。而挪威、加拿大、以色列甚至捷克等有可能陷入负利率的经济体,其地域差异性更大。一些东亚经济体,例如新加坡、韩国离负利率也并不遥远。负利率的蔓延也可能不是一个仅具负面影响的现象,它也隐含一些积极影响。目前中国面对债务滚动的压力、面临实体经济转型压力,也可能会被迫走向一个长期的低利率进程。在这个过程当中,中国资产价格也面临着一场重估压力。

目前各国都在不遗余力地使用国家信用来实施增长和通胀的目标。在这个过程当中,已经庞大的泡沫风险有可能进一步向中央政府集中,这些泡沫原来可能是岌岌可危的,在负利率和零利率之后,逐渐变得刚性。那么全球范围之内有可能展开一场刚性泡沫的竞争,也就是各个国家纷纷无所不用其极地利用零利率甚至负利率政策来换取若有若无的经济复苏和通胀抬头。如果某一个国家率先在增长和通胀上面有所起色,那么其泡沫就会相对稳定。而在这个国家的竞争压力之下,其他国家的泡沫可能会遭受挤压而破裂。因此刚性泡沫本身也意味着泡沫和泡沫之间的竞争,是以国家信用为支撑的转型创新之争。

国库现金管理:国际经验、中国实践及未来取向

新的预算法已颁布实施,其对财政预算和国库管理的改善不言而喻,但就国库现金管理而言,央行在其中扮演代理还是经理角色的争议并未终结。国库现金管理的重要性已得到各国政府的普遍认同,中国作为具有较大国库现金余额的国家,如何改善国库现金管理框架意义重大。本文讨论了国际经验及中国的实践,并分析了国库现金管理和政策政策的协调路径,进而提出了改善国库现金管理的未来取向。

1. 中国国库现金管理的现状

国库现金管理可以定义为:财政部门代表政府在确保国库支付需要和国库现金安全的前提下,有效管理国库现金以降低筹资成本和获取投资收益的一系列财政管理活动。近年来,中国国库现金余额具有以下几个特征:一是国库现金余额较大;二是国库现金余额季节性波动明显;三是国库现金铺底余额常年处于高位;四是地方国库现金余额波动性更大,管理更艰巨。

始于 2000 年的财政国库管理制度改革,取得了一系列的进展,主要体现在以下几个方面:一是财政部国库司、现金管理处等国库管理机构的成立为国库现金管

理提供了组织保障。二是国库单一账户体系的建立为国库现金管理奠定了坚实基础。2001 年,财政部和中国人民银行发布的《财政国库管理制度改革试点方案》提出,建立以国库单一账户体系为基础、资金缴拨以国库集中收付为主要形式的现代国库管理制度,由此开始了国库单一账户体系建设及国库集中收付制度的改革。三是国库集中收付制度为有效开展现金管理提供了基础保障,目前全国 36 个省、自治区、直辖市和计划单列市本级,300 多个地市、1300 多个县(区)、超过 23 万个基层预算单位实施了国库集中收付制度的改革。四是以定期存款和买回国债为工具启动了国库现金投资管理改革。从 2003 年开始,财政部和中国人民银行对国库活期存款进行计息。但由于是按活期存款计息,其利率远低于商业银行定期存款或其他投资种类的收益。随着 2006 年《中央国库现金管理暂行办法》的发布,中国开始了国库现金的投资活动。国库现金管理的操作方式包括商业银行定期存款、买回国债、国债回购和逆回购等。在国库现金管理初期,主要实施商业银行定期存款和买回国债两种操作方式。

国库现金管理框架并未因新预算法而有明显变动,其市场化进程在千呼万唤中步履蹒跚。中国国库现金管理还存在着一系列的问题,体现在以下几个方面:一是大量的国库闲置资金没有得到有效利用,造成了资金的冗余与浪费,这种潜在浪费从 2002 年至今,估计逾 2000 亿元。二是逐日现金流预测机制尚未建立。较为准确的逐日现金流预测是实现有效的国库现金管理的必要条件。中国已经对中央国库现金余额进行了按季分月预测,但是国库收支每天都会发生,为了尽可能地减少闲置资金,应该对国库现金余额进行逐日预测。三是预算管理、国债管理的相对滞后影响了国库现金管理的发展。四是与央行的关系有待进一步理顺。中央银行作为国库单一账户的开户行与清算行,一般履行财政代理职能。但从 1985 年开始,《国家金库条例》规定中国人民银行经理国库,使得中国人民银行没有成为真正的财政国库代理机构,职能比较模糊,导致财政部门在账户设置、预算执行和国库现金管理中都要与人民银行进行协调,财政行政效率受到影响。五是中央和地方国库现金管理发展不平衡。地方财政国库管理机构相对薄弱的库款管理能力,加剧了地方财政在经济转型期的财政压力。

2. 国库现金管理与货币政策的关系

尽管从根源上说，根据新的预算法，加强预算编制和国库收支的全面性、科学性、精细化，改革地方财政预算和举债行为，是降低国库现金余额的关键。但财政和货币的政策协调在当下仍较为重要，国库现金管理对货币政策的影响取决于国库现金管理的发展阶段、管理模式、投融资操作方式以及其他制度安排。

根据国库现金管理的定义及目标，我们把国库现金管理划分为两个阶段：实现国库现金管理目标之前，为初级阶段；实现国库现金管理目标之后，为成熟阶段。这两个阶段的划分可以通过一系列的指标来区分，比如是否能满足日常的财政支出需要、是否设定了目标现金余额、是否有大量的闲置国库资金、国库现金余额是否存在较大的波动、国库现金投资的收益如何等。

我们从两个方面来分析国库现金管理对货币政策的影响：其一，国库现金余额波动对货币政策的影响。在中央银行针对国库余额变动执行公开市场操作以前，政府存款（即国库现金余额）与基础货币的变动呈反向关系，政府存款的增加（或减少）直接体现为基础货币的收缩（或扩张）。其二，国库现金管理的投资操作对货币政策的可能影响。国库资金投入到商业银行，其直接的影响是商业银行体系的存款增加，从而导致商业银行的放贷能力增加，最终导致信贷总量的增加。

在国库现金管理发展的初期，国库现金管理对货币的政策的影响可能有以下几个途径：一是由于没有设定目标库底余额，国库余额的变动会对货币政策造成一定的影响；二是在目标库底余额的设定以及不断优化的过程中，国库资金从中央银行转移到银行系统或货币市场，国库资金存量的减少对货币政策可能会造成一定的影响。我们以 2002 年至今的数据进行多种情景模拟，结果表明，国库资金存量的减少无论对基础货币、货币供应量还是对中央银行的公开市场操作的影响都是有限的、可控的。如果考虑到当下的实体经济融资难、融资贵的问题，加速国库现金的市场化管理框架,是盘活金融存量、提高财政资金使用效率、减轻社会税负负担的重要因素。

在国库现金管理发展的成熟阶段,国库现金管理不会对货币供应量产生显著的影响。此时存放在央行的库底资金波动很小,国库现金流量的增加只不过是银行体系的资金转移而已,因而不会对基础货币、货币供应量产生影响。成熟阶段的国库现金投资操作也不会对货币政策产生显著影响。流入商业银行的财政资金来自新增的国库资金而非国库存量,新增的国库资金来源于商业银行系统,再投资到商业银行,因此不会增加商业银行体系的存款总量。如果国库现金投向货币市场操作,需要看其操作的规模以及投资品种、期限、交易对手是否多样化。如果规模较小,或者当投资规模较大时,控制投资品种、期限、交易对手的集中度,则不会显著影响货币市场的短期利率。

不仅如此,成熟的、独立的国库现金管理对货币政策也有着积极影响。一是财政部门负责下的国库现金管理有利于保持货币政策的独立性。从职能性质来看,国库现金管理作为一项重要的财政管理活动,应当由财政部门负责,从而实现国库现金管理与货币政策相互独立。二是成熟的国库现金管理在客观上有利于货币政策的实施。在国库现金管理的成熟期,由于库底目标余额相对较少,每天的库底资金波动较小,因此,国库现金管理对货币政策几乎没有什么影响。那么,中央银行就不必关注国库现金流的变化,从而减少了货币政策的变量,这在客观上有利于货币政策的实施。

3. 国库现金管理的一般国际经验

为拓宽考察中国国库现金管理的视角,我们不妨看看国际经验,并总结其一般特性。

第一,在组织机构上,普遍由财政部下属的专门机构负责。英国的国库现金管理由财政部所属的债务管理办公室负责。美国的国库现金管理由财政部所属的财政服务办公室负责。澳大利亚国库现金管理由联邦财政部所属的财政管理办公室负责。法国政府国库现金管理由经济财政工业部所属的法国国库局负责。

第二，国库现金管理的顺利实施，既需要与财政部下属的债务管理部门、预算部门的部门内协调，也需要与中央银行、税务部门乃至各预算部门的部门间协调。现金流预测需要政府预算、税务以及各预算单位提供及时的信息；国库现金融资操作需要与财政部的债务管理部门协调；中央银行作为国库账户的开户行与清算行，国库现金的投资操作需要与中央银行进行协调、互享信息。

第三，普遍建立国库单一账户体系以及电子化的收支运行体系。从各国的发展经验来看，国库单一账户是开展国库现金管理的基础。国库单一账户一般包括设立在中央银行的国库余额账户以及设立在商业银行的零余额账户。国库单一账户并非只有一个账户，它不是指银行账户的数目，或银行账户所在地的数量，或多少家银行，也不是指可能产生的银行账户或与银行的联系，而只是意味着所有银行账户的控制权和交易审批权都集中在财政部门。

第四，普遍设定目标现金余额。在一项针对 22 个经济合作与发展组织（Organization for Economic Cooperation and Development，OECD）国家的调查中，其中有 16 个国家设定了目标现金余额，可见设定目标现金余额是各国国库现金管理的普遍做法。设定适当的目标现金余额，既可以确保财政支出的需要，又可以有效地管理国库现金，减少闲置资金的浪费。目标现金余额是指保留在央行国库单一账户中的国库资金，以应付偶发的资金需求。

第五，普遍重视国库现金流预测。国库现金流预测被认为是国库现金管理中最具挑战性的工作。现金流预测也是进行有效国库现金管理的必要条件，如果没有较为准确的现金流预测，就不能有效地进行日常的投融资管理，也就不能熨平目标库底头寸。①

第六，通过市场化的投资手段开展投资操作，从而实现满足财政支出需要、熨

---

① 　头寸（postition），也称作"头称"，就是款项的意思，是金融行业常用名词。——编者注

平库底头寸并赚取投资收益的目的。从各国的经验来看,投资品种的选择呈现出多样化的特征。美国、澳大利亚的国库现金投资品种主要是商业银行的定期存款,英国、法国则主要是货币市场工具。

从国际经验看,中国离国库现金管理的市场化管理框架,差距较大。

4. 美国协调国库现金管理与货币政策的有益尝试

西方国家的国库现金管理也需要央行的配合,美国国库现金管理的历史变迁,为我们考察国库现金管理对货币政策的影响提供了较好的借鉴。

美国国库现金管理大致经历了四个阶段:一是银行存款制(1791—1836),国库资金存入第一国民银行与州立银行。二是独立金库制(1836—1914),国库资金不再存入银行体系,而是由政府自行保管,以保证国库资金的安全。三是委托金库制(1914—1974),将国库资金的出纳、保管与划拨事务委托银行代理。银行接受政府的委托后一般特设专门的国库账户进行管理,以区别于一般存款,银行不得对国库资金进行运作。在这一阶段,银行实际上扮演了政府出纳的角色。此后是一个过渡时期(1974—1978),财政部把大部分国库资金存放到美联储。四是混合金库制(1978 年至今):国库资金的一部分存在纽约储备银行的国库总账户(Treasury General Account,TGA),即库底余额。其余资金存在超过 1 万家存款机构下的国库税收贷款账户(Treasury Tax & Loan Program,TT&L)。从 1974 年开始,财政部一方面要求国会通过法案允许商业银行向该账户付息,另一方面将税收与贷款账户的余额转存至美联储的国库账户。

在美国财政收支良好的时期,美联储不得不忙于公开市场操作,频繁大量购买债券,投放流动性,以抵消国库资金从商业银行转移到美联储的流动性收缩效应。但是,由于波动太大,有时候,美联储难以通过公开市场操作冲销美联储国库余额的变动,从而客观上要求财政部重新把国库资金存放到商业银行的税收与贷款账户中。美国国会于 1977 年 10 月 28 日通过了《公共资金投资法案》(Public Moneys

Investment Act，Public Law No. 95-147），规定出于现金管理的需要，财政部可将任意比例的国库流动资金存入设在商业银行的税收与贷款账户，存款期上限为90天，商业银行须为税收与贷款账户余额提交财政部认可的抵押资产并存入指定托管机构。

美联储国库账户余额在1978年11月至1979年1月间下降了116亿美元。在此期间，美国的基础货币约为1400亿美元，国库资金的投放相当于全部基础货币的8.3％。美联储进行公开市场操作对冲银行体系增加的流动性，其间美联储持有的国债规模下降了约100亿美元。

美国的经验给我们的启示是：第一，把所有的国库资金全部存放在中央银行，撇开财政收益上的差异不管，最大的危害不是对财政本身，而是对货币政策的影响。第二，在商业银行设立国库账户，把大部分资金存放于商业银行，可以减少中央银行国库账户余额的波动。第三，设定目标现金余额，并尽量去稳定目标水平，是减少对货币政策影响的又一经验。第四，1978年美国把国库资金从美联储转移到商业银行的经验为我们目前的国库现金管理改革提供了很好的参照。既然当时美国能够通过公开市场操作完全对冲掉流动性，那么中国也完全有理由相信，我们可以通过公开市场操作来对冲掉1％的流动性。

5.改善中国国库现金管理的政策建议

第一，从国家整体利益出发，我们勾勒出中国国库现金管理的目标模式：财政负责、部门协调的组织架构；国库单一账户体系下的分类管理；依靠采集预测信息的逐日现金流预测机制；设定目标余额并不断优化库底资金；以及运用多种投融资工具熨平国库头寸的日常管理。

第二，为实现目标模式，需要更具可操作性的过渡措施：要理顺央行与财政部的权责和义务；要设定阶段性的目标现金余额，并逐步减小；建立逐日国库现金流预测机制，不断提高预测的准确度；以商业银行定期存款为主、运用多种工具进行投融资操作。

第三,国库现金管理在发展初期与货币政策的协调可以从两方面入手,一是关于库底余额的变动,避免给中央银行的公开市场操作带来不便。为此应建立现金流预测信息共享机制。针对未来几年国库存量的减少,建立专门的协商沟通机制。二是健全和完善国库资金投资操作的制度安排,避免影响货币市场效率。主要是投资品种、期限匹配、交易对手的多样化,避免过于集中。

第四,根据新预算法,改善预算编制的全面性和精确性,改善国库收支的效率,是减少国库现金余额的关键。这是一个艰难而长期的过程,在中央和地方财政具有较大国库现金余额的既存现状下,准确进行日均余额预测和确定库底资金,是安全、有效进行库款市场化运营的基础工作。

第五,随着中国经济步入新常态和新预算法的颁布实施,需要我们前瞻性地预见到国库现金余额存在增长放缓甚至减少的可能性,具有流动性资产管理特性的国库现金管理,甚至有逐步演化为短期流动性债务管理的趋势。形成一支高效稳健的国库现金管理队伍,日渐重要。

2016 年利率下行如抽丝

目前市场普遍预期 2016 年中国央行至少会再降息 2 次、50 个基点，10 年期国债利率有可能下行至 2.5%。在我们看来，这几乎是不可能的。理由有以下几点。

（1）央行的意愿。央行似乎认为流动性整体充沛，价格也不高，因此对继续量宽价宽的热情不高，主要是要推进汇率弹性、与强势美元适当脱钩。而汇率软，本就缩小了持续降息的必要性。

（2）CPI 的走势。2016 年影响物价的因素主要是三个：一是翘尾因素，2015 年和 2016 年的翘尾因素分别为 0.4 和 0.6，以往 12 年的规律都是翘尾因素决定 CPI 方向。按这个规律，2016 年 CPI 吊诡地不会太低。二是农产品价格下跌可能性较大，但跌幅不会太大，毕竟要保护农民利益。三是劳动力价格，目前大学生以外的求职群体主要集中在服务业，服务业景气尚好，没有明显迹象显示农民工求职困难或起薪下降。当然从理论上来说，经济低迷最终总是会影响就业和工资。现在看，2016 年 CPI 要低至 1% 是比较困难的。

（3）美债的利率。当然许多人怀疑中美国债之间是否存在稳定的息差。回顾历史，次贷危机以来，中美之间的国债利率同步性在加强，但因果性不好检验，如果美联储 2016 年加息 2～4 次，则 10 年期美债收益率至少在 2.5% 左右，那么强利率高流动性的美债，也许会封闭人民币国债利率的下行空间。除非我们假定中美国债之间的走势和次贷危机爆发至今 7 年来的情况不同。

（4）供应端的压力。2016 年利率债供应庞大,仅国债和地方债发行可能分别为 2.5 万亿元和 3.5 万亿元,这还没有包括地方存量债务置换。中国政府在努力重置政府和企业债务雪球的久期和利率,在政府看来,利率债发行的数量保证比价格下行多少更重要。

（5）利率的传导。目前利率市场化基本完成,这带出两个困惑:首先,银行资产端的收益率明显下降,现在要获得基准利率 1.1~1.2 倍的贷款不难,但负债端利率的下降很困难,银行仍在争夺存款资源,央行继续降息效果弱化,可能还不如央行和银监会共同对银行存款利率进行窗口指导效果好。其次,银行管理仍然粗放,利率以 1 天和 7 天短端利率为代表,仍然陡峭,这也许显示出银行同业市场还没有足够细致,利率传导机制并不顺畅。

总结一下,2016 年中国市场利率可能仍将温和下行,但下行将十分迟缓,在我们看来,中国 10 年期国债在 2016 年如能达到 2.75％,已很令人惊喜。利率债,政府首要的问题是债务重重匹配的天量,其次才关心是否低价。

克服对人民币汇率浮动的恐惧

摆脱对汇率浮动的恐惧,关注实际有效汇率和人民币汇率指数,是深化汇率改革的重要前提。

近期,一些人对人民币汇率走势非常焦虑。笔者认为,不必对波幅扩大过度解读,维持名义汇率的窄幅波动不应成为政策目标,而实际有效汇率的灵活、双向波动,才应该成为常态化的目标。

"浮动恐惧"是否会带来持续贬值预期?市场的预期从来都是易变的。而避免持续贬值预期的最好手段,就是防范非法外汇交易和资本异常流动,还有更重要的就是加速增长转型。

第一,汇率是投资者对国家信用的投票。因此,当下对人民币的悲观预期,并非单纯由汇率信号所致,而是折射出对中国经济中长期增长的悲观。中国经济的困境不全由中国经济政策是否得当所决定,有趋势性和周期性因素的叠加作用。如果中国梦是能够实现的,那么国际社会和中国国民最终会对人民币汇率投出信任票。而当前,对人民币汇率的悲观预期,与中国经济增长、外汇储备和国民净储蓄率等基本面并不一致。

第二,许多人将汇率信号作为国家竞争力的一部分,这是不妥当的。西方大国中没有一国是通过持续汇率低估而成功实现工业化和城市化的,中国也不例外。

然而在现实中,虽然很少有人将低利率看作国家核心竞争力,但却有不少人将低汇率作为挽救出口和提升企业竞争力的手段。廉价货币并不能提升要素配置效率,也不能提升企业的创新能力。

第三,目前,各种汇率理论在付诸实证时,所取得的效果都不理想:基本面、购买力和预期这三个因素的解释力都不太强。姑且认为购买力平价是最朴素、直观的汇率决定论,那么比较主要国家的生活成本,人民币和主要货币之间并未出现明显背离购买力平价的现象。

第四,对汇率的不信任与央行发钞节奏并无必然联系。单纯讨论货币数量没有太大意义。对货币口径的区分在当下也没有太大意义,货币供应量受到持币者是习惯现金还是电子货币的显著影响。发钞节奏是否可持续,取决于经济增长,也取决于结构调整。从金融层面看,资产多于负债,资产收益超过负债成本,是货币信用得以维持的决定性因素。从这个意义上说,金融转型就是要挤出低收益资产和高成本负债。前者能否实现在于低效产业和企业能否收缩,后者能否实现则在于对举债主体的预算约束是软还是硬。与其说对汇率的不信任是对中国央行发钞节奏的担忧,不如说是投资者对低收益资产的不习惯和对高成本负债的依赖。

第五,人们习惯夸大汇率波动对一国实体经济运行的影响,对长期实行汇率管制的国家尤其如此。1985年至今,主要经济体货币汇率年内波动幅度超过10%司空见惯,但并未对政府调控和经济运行带来太大困扰。如果过于强调维持名义汇率的稳定,那就意味着牺牲实际有效汇率的稳定。而实际有效汇率对实体经济的影响可能更大。过于狭窄的名义汇率波幅,会推迟人民币外汇衍生品市场的发展,加重央行外汇市场出清的义务,从而使货币政策的独立性受到严重制约。

第六,人民币国际化需要更多地关注实际有效汇率。一国货币成为储备货币还是融资货币,取决于该国政府在国际投资头寸方面是净储蓄方还是净债务方。如果政府对非居民是净债务方,意味着本币净输出,本币国际化主要扮演国际储备货币;反之,本币国际化则主要扮演国际融资货币角色。从中国的外汇储备和"一带一路"战略来看,人民币国际化会扮演储备货币和融资货币的双重角色,但融资货币的角色会更浓重一些。这需要中国央行更关注人民币的实际有效汇率，避免非居民融资的利率汇率成本过高；当然，中国央行也有义务兼顾将人民币作为储备货币的非居民的利益。

综上，何时是扩大汇率灵活性的合适时机？有两个最佳时间：25年前或者现在。

摆脱对汇率浮动的恐惧，转而关注实际有效汇率和人民币汇率指数，是深化汇率改革的重要前提。倘若未来看到人民币兑美元的名义汇率到7，这可能是美元指数短期走势过强，中国过剩产能在加速出清，甚至是外汇交易者的非理性所致。但看到7，并不意味着接下来就是8，也可能是6。悲观者永远是低头（向下看），而克服"浮动恐惧"之后的正常姿态，应该是低头、抬头寻常见——市场会选择它觉得舒适的姿态。

中国央行是否具有大规模释放流动性的能力？

尽管这个问题我们已经讨论多次，但似乎仍未得到充分思考和讨论。问题是，央行如何才能释放大规模的流动性？答案是：学习美联储的国债——流动性交换操作。

让我们看看美联储的量宽操作是如何进行的：(1)美联储在负债端释放流动性，获得了资产端的国债以及两房债，这本质上是货币—资产的互换；(2)由于美联储拥有足够的国债等固收品种，因此拥有了以扭曲操作来调整基准收益的能力；(3)美联储的操作使其自身的资产负债表迅速膨胀4倍以上，而不是收缩。

让我们再看看美联储的量宽退出是如何进行的：(1)逐渐减少和停止买入各类债券；(2)美联储并无想象中的出售债券计划，而是很可能持有到期；(3)这个过程意味着未来美联储资产负债规模的温和收缩，收缩节奏取决于其持有的债券久期结构；(4)此进程中美国财政赤字是收缩的，而非加速扩张，否则无风险利率将上升。

让我们看看中国央行释放流动性的方式：(1)无论是常备借贷便利(SLF)、中期借贷便利(MLF)还是抵押补充贷款(PSL)，都是货币—资产交换计划；(2)微量的定向降准以及对贷存比口径的修改，使银行具备轻微加杠杆能力。但是中国央行迄今没有采取贬值或者普遍降准措施。为什么？

关于普遍降准，我曾在以前的讨论中指出：(1)并不存在闲置在央行的 22 万亿元，其对应的资产方是外汇储备；(2)冲销操作持续至今，央票余额已很小，只能支撑不超过 1 个百分点的普遍降准；(3)为什么无法持续降低存准？如此超准率将上升，银行可以提用其超额准备金进行放款。其实商业银行动用超额准备金，相当于央行负债端的收缩，央行并不具备令其资产端也以较大力度收缩的能力。因此，问题可简化为：中国央行持续降准意味着其资产负债规模的收缩而非膨胀，央行似乎并不具备较大操作空间和能力。

除了我以前提出的存准率可以新老划断，对新增存款实施较低存准率之外，可能的答案何在？(1)请忘记大幅持续降准的期望，这在总量上和操作上都较为困难；(2)美联储的量宽操作，其关键本质在于信用端的操作，即货币直接置换为信用资产，尤其是国债，因此，在面临经济增长下行和通缩威胁时，重要的是信用，而不是货币，否则货币政策的传导机制将困扰我们；(3)央行注入流动性意味着央行资产负债规模的持续膨胀，而不是萎缩。

对中国央行释放流动性的答案十分简单：请中国央行直接买入市政债、按揭抵押证券等金融资产即可。这是未来中国抵抗经济增长继续下行、实体经济更深低迷和通货紧缩日益降临时必须考虑的前瞻性操作，中国经济目前正在加速走入螺旋下降的恶性循环之中。所谓主动调降增速，所谓消费能顶替投资云云，都是自欺欺人。

为什么央行应该视存量债务置换为改善货币调控的机会？

财政部目前在承受较大压力，其工作报告在两会上遭遇的反对票，以及存量债务置换的自编自导，都没有给财政部加分。现在国务院2014—43号文存在重新再议如何落实的余地。央行的态度至关重要。我们认为央行应积极介入，视其为一种改善货币政策调控的机会。

让我们首先看看西方量宽的理论基础是什么，以及其指向的核心关键。我们需要一点点简单的公式。

1. 信用需求＝货币供给×货币乘数

从上式我们可以看到，金融危机期间，即便货币供应量没有收缩，但货币乘数通常会急剧萎缩，从而使得社会信用陷入萎缩。这是米尔顿·弗里德曼和本·伯南克等经济学家审视大萧条之后反复强调的。即在金融危机期间，央行应该努力注入而不是收紧货币，只为维持一个正常的社会信用总量。只是伯南克的直升机洒钞票的比喻被卡通化了。

中国现在的问题就是如此，你不能说经济增长5%，物价涨2%，那么货币供应量有8%就足够。这种货币观，可能会让弗里德曼觉得，自己写《美国货币历史》是徒劳的。我们必须先看看,5％的增长和中国的潜在增长率相比是否存在缺口,是何种缺口? 2％的通胀是否处于合理区间? 目前看,中国经济仍有继续下行的压力。绝大多数的学者认为,中国作为中等收入国家,潜在增长率至少在 6.5％～7％。那么我们大致可以认为,目前中国经济增速差不多是接近潜在增长率的,而物价增幅过低,则显示了经济下行压力。货币政策应该到了从中长期看,基本姿态应有所调整的节点,除非你没有看到债务链使货币乘数下降,除非你对中国潜在增长率的估计极低。不要总用货币供应量说事,看看不正常的货币乘数,我们就不难理解社会信用总量的不足。

从现实增长率和潜在增长率的差异看,不难看到,所谓紧货币有利于市场出清,也不是货币过紧的理由。因为中国在失去占据 GDP 差不多 5％的外需,在企业差不多死亡 1/5 之后,市场出清已相当接近正常状况,继续压迫企业大规模倒闭和地方财政持续困境,对中国来说,未必是理性选择。

2. 信用需求＝实体经济需求＋资产价格需求

金融危机期间,央行释放的流动性,并不总是注入实体经济,也有可能注入资产价格,使股市、国债、房地产等的价格膨胀。那么注入资产价格的流动性是否仅具负面意义?

并非如此,这涉及如何让经济运行去杠杆的方式问题。20 世纪 80 年代美国遭遇的储贷危机,东亚危机,次贷危机初期的保尔森 TARP 计划,甚至欧债危机初期 ECB 要求银行业出售资产以充实资本等,都是尝试在资产负债表中清理债务,来实现去杠杆,而实际上这种经济下行期清理债务的难度极大、成本昂贵。因此,欧美都很快放弃了这种天真幻想,转而采取另外两种思路,一是买入有毒资产并进行封闭;二是在资产负债表处理上,通过让资产膨胀来达到去杠杆目的。欧、美、日的资产价格都显著上升了。而美联储并没有任何试图处置有毒资产的意愿。如果让保尔森再选择一次,也许他会认为,让贝尔斯登公司和雷曼兄弟国有化,也许是比让其破产更省钱和有效的做法。

你不能将注入资产的流动性和实体经济融资难对立起来；更不能在经济萧条时贸然尝试大规模清理债务，如此只能让市场陷入绝望和悲观。

3. 社会信用价格 = 信用溢价 + 无风险利率

伯南克很清楚，美联储的货币政策对信用溢价的影响不大，因为信用溢价和经济周期大致反向。伯南克引用了罗伯特·巴罗（Robert Barro）教授的相关研究，并且喜欢用十年期 BAA 级企业债和十年期国债之间的利差，作为信用溢价的替代指标。伯南克通过量宽要做的有两点：一是买入国债和扭曲操作之后，使美联储拥有对整个基准收益率的调控能力，二是将无风险利率尽量压低。只有这样，资产价格才能膨胀，扩张型的去杠杆才会发生；只有这样，实体经济实际到手的信用价格才不会太高。因为信用溢价的上升，部分甚至全部被无风险利率的下行抵消了。

看中国央行的举措，你就能理解为什么融资难、融资贵。一是因为央行总是试图在降低信用溢价，而这几乎是不可能完成的任务。定向注入流动性的部位，例如小微企业，恰恰是信用溢价最高的部门。信用溢价不会降低，除非政府直接承担风险。二是因为利率市场化，使得中国经济遭遇了无风险利率急剧上行的冲击，幸运的是，这种冲击在接近尾声。

可以看到，中国央行在徒劳地试图压低信用溢价，也未对利率市场化带来的无风险利率飙升采取任何对冲措施。更可怜的是，央行至今仍不具备对整个收益率基准曲线进行自如调节的能力，只能调节短端。

简要讨论这些已足够，让我们总结一下：(1)不要总是从货币供应量看问题，因为你无法及时有效观察货币乘数。(2)不要总是试图以清理债务的资产负债表收缩型方式来实现去杠杆化，而应采取资产价格上升的资产负债表扩张型来实现去杠杆化。(3)量宽能做到的，是压低无风险利率，而非信用溢价，除非政府直接承担信用违约。(4)市场出清到什么程度算合理？请观察现实增长率和潜在增长率之间的缺口，如果已十分接近，则以紧货币出清市场的理由将不复成立。

只有你接受了这些，我们才能讨论为什么央行必须介入存量债务置换。

现在很幸运的是，目前中国的经济增长，接近潜在增长率；利率市场化对无风险利率的冲击，接近尾声；对有毒资产尤其是公共债务，已逐渐开始采取省级政府承担的思路；同时，人们也已看到，贷款利率中几乎 2/3 都源自过高的无风险利率。央行的各种定向操作也逐渐引起了越来越多的怀疑。

央行可以继续做什么？

一是定向操作。这种做法效果不显著，大国中只有中国央行将货币政策作为结构型政策，而非总量政策来使用。

二是降息。央行和市场都已认识到，没有量宽不可能有价宽，这是一个朴素的常识。没有新增流动性注入，降息和宣告效应的效果差不多，除非加上行政化的窗口指导。

三是央行允许财政通过市场手段使用财政存款。但是，财政和央行就"经理国库"和"代理国库"的一字之差争斗了多年，至今没有结果。

四是降低存款准备金率。关于存款准备金率，实际上并不存在 20 多万亿元闲置的货币躺在央行，超高的存款准备金率是货币当局的负债端，对应的资产端是央行的外汇储备。因此，已经发生的一次降准，是央行外汇储备水位降低，被动降低存款准备金率的"对冲型降准"。这种降准从短期看对流动性的影响是中性的；但考虑到持续的对冲型降准，实际上意味着央行资产负债规模的萎缩，因此其长期影响是紧缩的。央行必须在扩张自身资产负债表的进程中向市场注入流动性。在央行资产负债表收缩时，向市场持续注入流动性是不可能的。我给央行的建议是，如果不想背负"放水"的批评，可以对法定存款准备金率进行新老划断，即新增存款余额采取较低的存款准备金率，而在某一时点之前的一般存款余额，则央行可继续其谨慎的姿态。

五是汇率信号。央行不太可能在没有国务院明确指示之前，对汇率采取持续的方向性操作。从目前的离岸远期看，2015 年年底，美元兑人民币至少应可跌至

6.4，但这仍然只是轻微的修正而已。

那么，为什么央行需要介入存量债务置换？

一是国务院 43 号文已出台，财政部不可能独立完成此操作。如果每年 1 万亿元持续 3 年，需要央行和三会共同努力。即便如此，省政府和原有债权人的协调，也会非常棘手。公权力不可任性，如果存量债务置换是国务院的决定，那么放低本位利益，为"四个全面"多努力，为中国金融体系缓解系统性风险多努力总是必要的。

二是央行如果直接或者间接、部分或全部购入专项债，则央行的资产负债表将扩张，同时央行对利率长端的调控能力将明显增强。一个拥有完整基准收益率曲线调控能力的央行，更能胜任利率市场化之后，对存贷款基准利率的精确调控。

三是极大降低货币政策调控成本。尽管从理论上看，央行采取的不是部门预算，因此货币政策调控成本高还是低，只是影响央行最终上缴财政款项的多少。但毕竟省钱的调控比烧钱的调控好。2003 年之前，央行的公开市场操作主要使用吞吐国债来完成，此后央行几乎售完了全部国债，只能以创造央行票据的方式来调节流动性。在使用国债进行流动性调节时，利率成本由财政负担；而使用央票操作时，央票利息由央行自身负担。这是一笔即便在目前也有每年约 600 亿元的利息。更为重要的是，经过持续但不显著的流动性释放，央票余额仅有 1.6 万亿元，已不足以继续作为央行向市场注入流动性的主要手段。存量债务置换导致地方政府有券无钱，央行持续释放流动性的焦虑却是有钱无券，两者是可以互补的。

四是能使交易商协会的券种更为丰富，考虑到公司债受发改委管控严格，沪深交易所债受证监会奇怪的忽视，央行通过银行间市场的债券创新势如破竹。目前余额约 10 万亿元，2014 年债券发行额约 4 万亿元，债券余额增长约 1.6 万亿元。应该说，存量债务置换的主要债权人，就是银行间市场的活跃交易者。

五是央行通过介入存量债务置换，增强了自身对财政、对诸侯的谈判能力。

就财政部目前的困境来看，就存量债务置换的规模和复杂性来看，央行的介入几乎是不可或缺的，也对改善其货币政策调控大有裨益。

第二章

透视金融和互联网金融产业

诡秘的逻辑

在 2015 年年底,当美联储开始加息以及中国开始强调供给侧改革时,人们似乎看到了发达经济体复苏的曙光和中国加速市场出清的姿态。尽管金融市场可能承受压力,但绝少有人预见到自从进入 2016 年以来,全球金融市场如此剧烈协同共振;更难预见到内地 A 股、香港股市和东京股市会成为全球股市下跌的暴风眼。

面对情绪,从理性演绎逻辑的力量可能是相当有限的。举三个小例子,然后我们看按照同样的理性逻辑,是否可能继续收获意料之外的结果。

例 1　油价下跌对中国经济是好事还是坏事?

在 2014 年年底,我试图分析 2015 年中国经济运行时,曾以为低油价对中国经济不是坏事情。毕竟中国是原油的净进口国,目前中国原油进口需求量年均增长仍然超过 4%,我粗浅地以为,历史记忆是当高盛声称油价将要突破 200 美元/桶时,中国经济饱尝资源瓶颈制约,企业成本推升效益下滑,通胀高企。现实情况是,仅油价一项,每年就至少能为中国经济节约 1 万亿元以上,其他大宗商品价格的下行对中国也是利多弊少。看来低油价对中国企业而言,其原材料采购带来的财务成本节约,也许能提升其财务表现。在 2014 年年底,我据此认为,原油等大宗商品价格的下行,相当于为中国企业大幅缩减了原材料购进成本,因此 2015 年经济增长保 7 的难度不大;同时 2015 年第四季度甚至有可能因物价环比改善而有较好的投资和消费表现。

时至今日，事实证明我当时的思考逻辑是错误的。中国石油石化企业在海外有可能有约 2000 亿美元的能源投资，在境内也大量进行高成本油气资源的采炼，中国政府以巨大财政投入去进行新能源建设，而新能源行业十分昂贵而脆弱。因此很有可能，中国庞大的工业体系中相当大的一部分，其财务盈亏平衡点是建立在较高资源价格的基础之上，低油价使得这些行业呈现一片衰败景象。不仅如此，大宗商品的低迷加剧了中国输入型通缩的压力。我一厢情愿地以为低油价有利于中国经济，事实证明低油价对中国经济的冲击机制复杂得多，到目前为止，我甚至无法判断低油价对中国经济是好事还是坏事，也许经济持续下行的原因更在油价之外呢。

例 2　疲弱美元指数对资产价格是好事还是坏事？

让我们回顾一下美联储加息前后，人们对加息后果的普遍预期。首先，美联储是谨慎的，其加息与否已被市场充分吸收，在 2015 年 12 月，人们甚至用一种不耐烦的心态等待加息棋子落地。其次，加息之前美元指数较强，加息之后美元指数可能会弱一些，但美国经济稳固的表现仍足以支撑大致强势的美元。再者，2016 年美元仍会加息，无非是加息节奏是陡峭还是迟缓。最后，美联储加息明确了美元强势，美国有可能股和债都出现温和下跌，同时发达经济体资产价格表现尚好，而新兴经济体，尤其是金融脆弱性较强者会遭遇持续资本外流，人们普遍担心新兴经济体的表现。

但自 2015 年 11 月底美元指数短暂超过 100 之后，至今美元指数并不十分强劲，照理弱势美元应该让美股有所喘息而美债下跌。但事实刚好相反，债涨股跌。照理新兴市场下跌多些，但跌幅猛烈的既有中国股市，也有日本股市。很少有人预见到，加息之后相对疲弱的美元，也许带来了全球避险情绪的上升和资产价格大幅动荡。弱势美元尚且杀伤力如此巨大，倘若强势美元配上美联储再加息，会对全球金融市场带来怎样的冲击波？现在看起来似乎无论美元强弱，对资产价格的影响都偏负面。当然你也可以辩解说，全球资产价格动荡，暴风眼不是美元，而是中国。

例3　人民币汇率贬值对中国经济是好事还是坏事？

在过去几年，人们听到不少呼吁人民币贬值的建议，贬值能够给中国经济带来一些好处：首先，外贸状况可能有所改善，缓解了实体经济的产能过剩程度；其次，使汇率更市场化的努力，本身可以消除汇率高估的风险，而不是放大风险；最后，人民币国际化和"一带一路"战略的推行，将建立在更可信的基点之上。次贷危机以来，主要国家的货币均大幅波动甚至贬值过。从2015年8月11日至今，人民币对美元的名义汇率变动幅度很小，但却仍然引发了轩然大波。索罗斯对冲基金来袭，中国外储可能快速耗净、资本迅速外逃等各种担忧迅速发酵。汇率问题成为A股市场研究者最热的一个话题。

从目前看，人民币汇率的调整仍然有限，没有显著证据证明，A股资金短期流动和人民币汇率之间有什么相关性，似乎也很难有汇率贬值令企业财务状况恶化的证据，但中国股债还是剧烈下跌了。除了情绪之外，汇率波动究竟通过何种可信渠道影响到资本市场？如果当下有限的汇率调整都带来巨大冲击，那么未来人民币汇率继续遵循市场信号的调整，对中国经济、中国股市，到底是好事还是坏事？至少我陷入了困惑之中。

对上述三个例子，至今我仍然缺乏足够的判断力。只能说市场之复杂，让许多金融学逻辑变得诡异。由此要外推到第4个例子，这是个尚未发生的例子。

例4　农产品价格下跌对中国农业是好事还是坏事？

考虑到2016年中共中央国务院1号文件仍指向农业改革，有研究认为，农业板块会成为股市下一个风口。逻辑仍然是价格＋改革。前面3个例子，让我对这种逻辑演绎产生动摇。从短期看，中国国内农产品价格的下跌是难以避免的，粮食总体供过于求，政府收储力度的脱滑，国内外粮食价差不断拉大，使得中国农产品价格在2016年面临下行压力。这对生产者，尤其是种粮大户和以务农为主要收入的农户未必是好事，但农产品价格下行是否一定有利于加工企业？从中期看，中国三农是经典的知易行难，农村土地和农村集体资产的改革几乎处于举步维艰的状况。我想说的是，理性逻辑在市场面前常常收获诡异的结果。估值很不便宜的农业板，在农产品价格走低、改革落地不明的氛围下，是投资风口还是噩梦，真的难以判断。

　　包括我在内，经济研究者本质上并不具备预言能力。在近期股市下行跌破2015股灾创下的低点之后，局势变得凶险。如果非要给个"事后诸葛亮"式的解释，大概可以这么说：温总理的强刺激，让我们在10个月之内股指翻倍，然后是长达4年的调整；从2013年年初到2015年第二季度，持续的温刺激则同样让我们从2014年8月开始，以约10个月的时间收获了股指翻倍。如果中国政府对结构调整采取坚定的市场出清姿态，人们也许不得不接受估值中枢回到2011年到2014年上半年平均水平的结果。这令人沮丧。从诡异的逻辑看，与其说不要与趋势为敌，不如说不要与转折为敌，转折比趋势更变幻莫测。

《中华人民共和国商业银行法》应予修订的内容
及其对银行估值的影响

一、商业银行法应予修订的内容

《中华人民共和国商业银行法》设立至今，已有诸多内容不适应中国金融业的现实和未来发展，需要进行一些修订，我们认为，修订至少应该覆盖以下内容。

第一章 总则

第三条：商业银行可以经营下列部分或者全部业务：(1)吸收公众存款；(2)发放短期、中期和长期贷款；(3)办理国内外结算；(4)办理票据承兑与贴现；(5)发行金融债券；(6)代理发行、代理兑付、承销政府债券；(7)买卖政府债券、金融债券；(8)从事同业拆借；(9)买卖、代理买卖外汇；(10)从事银行卡业务；(11)提供信用证服务及担保；(12)代理收付款项及代理保险业务；(13)提供保管箱服务；(14)经国务院银行业监督管理机构批准的其他业务。

修订意见：本条规定了14类商业银行的经营业务，这些业务类型可能需要拓宽。商业银行在未来可能应该覆盖如下业务领域：(1)从事跨境人民币业务；(2)从事资产证券化业务；(3)代理证券交易；(4)代理大宗商品和金融衍生品交易；(5)代理政府财政存款。此外，银行从事互联网金融服务，如何融合到经营业务之中，也需要仔细斟酌。

第六条：商业银行应当保障存款人的合法权益不受任何单位和个人的侵犯。

修订意见：考虑到存款保险机制的设立，本条中的存款人概念应有所拓宽。毕竟私人银行，财富管理和存款都构成银行存款和类似存款工具的来源，因此，泛化为金融消费者保护的必要性较大。

第二章　商业银行的设立和组织机构

第十三条：设立全国性商业银行的注册资本最低限额为十亿元人民币。设立城市商业银行的注册资本最低限额为一亿元人民币，设立农村商业银行的注册资本最低限额为五千万元人民币。注册资本应当是实缴资本。

修订意见：本条规定了设立全国性、城商行、农商行等不同类型的存款性机构的最低资本要求，且注册资本应当是实缴资本。但随着互联网和小微金融的发展以及存款保险机制的出现，使得注册资本金的门槛应该视不同类型的存款机构而有所降低。

第三章　对存款人的保护

第三章对存款人的保护之中，相当多的内容应该和存款保险机制的设立保持一致，进行适当修改。

第三十八条：商业银行应当按照中国人民银行规定的贷款利率的上下限，确定贷款利率。

修订意见：本条应当修改，因为 2015 年央行宣布基本完成利率市场化，只对存贷款基准利率进行管理，本条中提及的贷款利率上下限将成为过去。

第三十九条：商业银行贷款，应当遵守下列资产负债比例管理的规定：(1)资本充足率不得低于8%;(2)贷款余额与存款余额的比例不得超过75%;(3)流动性资产余额与流动性负债余额的比例不得低于25%;(4)对同一借款人的贷款余额与商业银行资本余额的比例不得超过10%;(5)国务院银行业监督管理机构对资产负债比例管理的其他规定。

修订意见:商业银行贷款,应当遵守下列资产负债比例管理的规定:这条的分母已经过多次修改而面目全非,我认为在未来关于贷款比例75%的规定应予以取消,同时强调按新的资本充足率要求,改善流动性管理。

第四章 贷款和其他业务的基本规则

第四十三条:商业银行在中华人民共和国境内不得从事信托投资和证券经营业务,不得向非自用不动产投资或者向非银行金融机构和企业投资,但国家另有规定的除外。

修订意见:本条的表达已严重脱离金融实践,商业银行向非银行金融机构的投资,应该放开、规范和发展,推动金融混业经营。

第四十七条:商业银行不得违反规定提高或者降低利率以及采用其他不正当手段,吸收存款,发放贷款。

修订意见:本条随着利率市场化的完成,需要进行相应修改。

第五章 财务会计

如果第一章银行的经营业务限制以及第四章银行对非银行金融机构的投资限制都有所放宽和修改的话,则银行财务会计报告也需要按《巴塞尔协议》,以全额并表或者比例并表的方式,向央行或者监管当局提供财务报告。

第六十一条:商业银行应当按照规定向国务院银行业监督管理机构、中国人民银行报送资产负债表、利润表以及其他财务会计、统计报表和资料。

修订意见：我们认为如果未来银行混业经营，则银行有可能按其实际从事的业务，需要向央行和银监会之外的更多相关机构提供财务报告。

第六十二条：中国人民银行有权依照《中华人民共和国中国人民银行法》第三十二条、第三十四条的规定对商业银行进行检查监督。

修订意见：我们认为本条可能需要修改的地方在于，央行可能会按存款保险机制，对银行拥有早期介入和现场监管权。但这一点仍然存在争议。

第七章　接管和终止

本章可能需要按存款保险机制，加入相应内容。

此外，如果商业银行法进行修改，可能会牵涉人民银行法、贷款通则、银行业监督管理条例等相关法律法规的调整。可能还需要对外资投资中资银行的股权比例限制，外资以及民间资本投资国有银行，获得一定股权之后的董事席位等内容，进行相应修改。

二、商业银行法修订对银行估值的影响

当前中国银行业面临的现状是：中国银行业在 2015 年不良资产可能上升约 50 个基点并延续上升至 2017 年，目前披露银行业不良率为 1.26%，实际已发生不良率约为 3.5%；银行业在 2015 年的利润增长预期为零或轻微负增长，且分化严重。

而 2015 年银行业面临的宏观经济趋势和货币政策状况是：第一，2015 年可能仍然存在 2 次降息，4 月及 10 月各 1 次。共下调基准利率约 50 个基点。4 月降息可以视为新近降息的补充降息行为（这两次可以合并视为 1 次降息，因为新近降息无新增流动性注入，对流动性无宽松实效），10 月降息可能伴随央行宣布完成利率市场化。第二，2015 年央行可能宣布 1～2 次降准。尽管市场降准预期强烈，但已发生的一次降准是应对国际收支恶化的"对冲性降准"，不具有实质宽松意义。考

虑到 2015 年 4—8 月宏观经济的回暖，和国际收支的幸运改善，央行降准的欲望并不强烈。

2015 年财政和货币双紧，货币政策的宽松仅仅是挤牙膏式的宽松，关键点是央行在公开市场的操作。我们预期年内同业拆借可能会继续下移约 30 个基点，财政的宽松则主要看国库现金的市场化使用和 PPP 债。

如果《中华人民共和国商业银行法》得以进入实质修改阶段，则这很可能意味着银行在金融体系中地位的重新上升以及金融混业经营框架的初步确立。银行存在重新估值的机会。在该法修改的内容得以明确之前，银行估值难以改善，但是如果该法修订明朗化，则新一轮有利于银行的重新估值将全面、持续地展开。①

---

① 本篇写于 2015 年，其中的一些预测可能与事实有差异，但大部分观点依然具有前瞻性。——编者注

被误读的利率市场化：中国央行的自渡和渡人

　　国内围绕利率市场化的研究文章极多，我们也曾投入较大精力研究利率市场化，并形成了系列报告，但至今国内仍有大量的将利率市场化视为神器的判断，令人困惑。本文是我关于利率市场化的几点想法。

1. 发达国家曾经的利率管制究竟管制了什么？

　　历史上，利率管制主要针对活期储蓄。欧美主要是管制存款利率，尤其是活期存款利率，即便在目前的伊斯兰银行也是如此。因此利率市场化的核心是存款利率市场化。

　　在中国我们不应将存款利率管制视同对居民储蓄的利率管制，存款利率广义上应该覆盖银行储蓄或者类存款金融资产的利率。在中国，储蓄利率、理财产品、国债利率等密切相关。以银行储蓄余额占全部无风险（或接近无风险）、固收类资产的比重看，中国存款利率市场化的程度高于习惯认知；同样，这也意味着储蓄利率能否下行，还受到其他储蓄替代资产收益率的严重制约。

2.全球利率市场化浪潮的主要动因是什么？

历史上,利率市场化的动因是通胀失控。很少有国家主动采取利率市场化举措。全球利率市场化浪潮可能主要是由于能源危机的冲击,尤其是保罗·沃尔克时期的严重通胀,利率市场化是各国央行在抵御通胀和利率管制之间权衡的结果。从事后结果来看,较高的真实利率,的确成功地抑制了通胀,并明显降低了央行的通货发行速度。

在中国,利率市场化是在利率管制仍然有效、国内通货膨胀稳定的背景下主动进行的。这种情况很罕见,很少有一国央行愿意主动削减其目前仍行之有效的政策工具。可以预期的是,利率市场化大致完成之后,中国的通胀水平和各口径货币供应量,将比之前有较为显著的降低。

3.利率市场化有利于推动经济增长吗？

历史上,在利率市场化进程中和完成初期,一国经济增长往往更迟缓,而不是加速。大约要在利率市场化完成之后的五年,经济体系才能吸收这一冲击,并重新确立经济增长轨迹。而金融学家则习惯采取一种笼统而难以证实的说法:利率市场化可能不利于短期经济增长,但对经济可持续增长有利。

在中国,存款利率和通胀水平相比,贷款利率和风险溢价相比,显示出利率管制使存贷款两侧都是偏离市场化的较低利率,因此中国的利率管制具有典型的"金融加速器"作用,即推动了经济更快增长。而利率市场化将降低中国经济的增速。

4.利率市场化有利于抑制通货膨胀吗？

历史上,利率市场化对通货膨胀的抑制是显著有效的。不仅如此,通常央行的

M2 增速也会和通货膨胀率保持更紧密的关系。因此利率市场化的隐含意义是：货币政策更为重视货币的真实价格，而非货币数量。

中国利率市场化的背景同样奇特，中国央行没有任何试图弱化货币供应量控制的迹象，也没有明显的强化货币真实价格的举措。这隐含着央行事实上弱化了社会信用总量和产出缺口之间的关联程度。

5.利率市场化有利于改善收入分配吗？

历史上，利率市场化和收入分配的关系不明确，从近 30 年看，欧美的收入分配都呈恶化趋势，但缺乏利率市场化和收入分配长周期的有力实证。

在中国利率市场化改革进程中，收入分配有可能加速恶化。利率市场化有利于储蓄者，不利于负债者。在中国，中央政府和中国富裕阶层是主要储蓄者，也是主要受益者；地方政府和高负债率的企业（例如科技型企业和中小企业）是主要负债者，其也是主要受损者。

6.利率市场化是否会带来汇率和资本流动的异动？

在历史上，是的。尤其是大国的利率市场化，甚至可能导致外围国家的危机性调整，通常的猜测是，美国利率市场化和拉美债务危机，日本金融大爆炸和东亚危机，它们之间分别存在因果关联。但更可信的研究是，罪魁祸首可能是民主国家的福利制度。

在中国，尽管中国金融体系的开放度仍然有待改善，但利率市场化已带来汇率和资本流动的显著异动。我认为 2014 年可能是中国汇率和资本流动的转折之年。人们开始担忧人民币趋势性贬值和资本持续净流出。

7.利率市场化能否显著降低存贷款利率?

在历史上,利率水平的高低取决于经济增速和质量,实体经济的风险回报,货币信贷的总量和金融体系的效率等,这在理论和实证上都没有太大争议。因此,从长周期看,要确定利率市场化和存贷款利率之间的关系比较困难。但利率管制通常是管制下的低利率,因此在利率市场化进程中,存贷两侧名义利率的水平通常是上升的。

在中国,如果没有银行体系竭力通过影子银行系统加强杠杆,逃避监管和博取利差,那么在利率市场化初期,名义利率急剧上升的冲击会更加明显。目前利率水平的下行,主要是经济衰退和通货紧缩的结果,而不是由于利率市场化带来了更低的存贷款利率。

8.利率市场化是否缩小了存贷款利差?

在历史上,大致如此。但危险在于,在利率市场化进程中,存贷款利差变得极不稳定,甚至可能出现短暂的倒挂,这使银行业承受了巨大风险。银行的估值相当低下,平均市净率(Price to Book Ratio, PB)通常不会超过 1 倍。目前我国台湾、香港等地区的存贷款利差较低,原因可能在于本土经济持续低迷和金融竞争激烈。

在中国,尽管毛利差较大,但影响净利差的因素较多,利率市场化只是其中之一,我们认为收入成本比、存贷比要求、存款准备金率、银行竞争强度、贷款不良率等因素对净利差的影响,并不小于利率市场化本身。

9.利率市场化是否改善了银行财务表现?

在历史上,利率市场化使银行的资本收益率和资产收益率均恶化,并且资产不良率上升,业绩的波动性更为显著。

在中国,利率市场化已使得银行财务表现的差异性明显拉大,总体上在过去10年,城市商业银行的扩张快于股份制银行,快于农村信用社,快于五大国有银行快于外资银行。在中国加入 WTO 之后,外资银行在华银行业务表现没有明显改善。

10. 利率市场化降低了银行的集中度吗?

历史上,利率市场化使没有分支机构或者分支机构较少的中小商业银行迅速破产或者被迫并购,大银行尽管财务表现欠佳,但却不断扩张其规模,并向银行控股集团转型。利率市场化导致美国银行数量减少了近 1/3;在日本,几乎所有的中大型银行均历经反复并购。总体上利率市场化使银行集中度明显提高。

在中国,利率市场化至今,银行集中度有所下降,但未来中国大量的中小银行仍然面临并购或退出。

11. 利率市场化对存贷款业务有何冲击?

历史上,这种冲击集中在,贷存比不断提高甚至高于 100%,银行贷款业务不断向涉房业务倾斜,最终涉房贷款占比在 25%~40%;银行存款业务迅速向财富管理和私人银行集中,考虑到对中小储户的账户管理费等因素,大部分小额储蓄账户的实际利率为负。同时,以存款和贷款为基础资产的收费服务不断涌现。

中国在利率市场化冲击下,央行并未放松货币供应数量的控制,监管框架也无明显改革,导致银行业竞相通过影子银行系统加大杠杆,逃避监管,表外的类存款业务和类贷款业务不断扩张。在出表化受到抑制之后,存贷款业务开始承受真正的压力。

12. 利率市场化推动了金融混业的发展吗？

从历史上看，是的，大多数拒绝采取金融混业经营和监管框架的央行，在 20 世纪 90 年代末被迫采取金融大爆炸的方式，重新确定金融混业的必要性。金融混业的优势，究竟是业务协同和渠道客户共享而致的边际成本缩减和金融服务创新能力上升，还是使银行可以通过非银行加大杠杆、逃避监管，仍然不清晰。同时金融混业和金融系统性风险之间的关系也不清晰，也就是说，一国采取分业还是混业监管，和系统性风险的监管有效性似乎无关。

在中国，利率市场化已在明显推动金融混业经营的发展，这种金融混业可能是集团内的，也可能是银行和非银合作的广泛深化，原因在于集团内各子公司之间的壁垒，并不明显小于集团外的金融同业。

13. 利率市场化是否推动了中间业务的发展？

历史上，是的，银行通过复杂的收费服务，来弥补狭窄的利差，通常中间业务收入占比可能达到 25％ 以上，利率市场化迫使银行从简单的存贷款定价，转为更复杂隐蔽的收费服务。但消费者感受到的金融服务改善不显著。与其说利率市场化推动了中间业务发展，不如说推动了银行自营和衍生业务的发展，尤其是衍生业务的发展。其主因是加速银行资产和负债两端的速动比率，并将信用风险转为市场风险。银行账户占比的持续下降带来了危机后的沃克尔法则（Volcker Rule）[①]。

在中国，强大的行政力量使得利率市场化进程中，银行的中间业务反而萎缩，有利于加速负债周转率和资产周转率的衍生业务，证券化业务也发展迟缓，使银行

---

① 沃克尔法则最初是由美国白宫顾问保罗·沃克尔提出，内容是要求吸收存款的银行必须剥离各自的衍生品业务。

的盈利模式仍然高度依赖利差。

14. 利率市场化会使金融体系更稳健吗？

历史上，利率市场化使金融体系变得更脆弱，这和有无存款保险制度并无显著关系。换言之，存款保险制度能够以发挥其早期介入和付款箱功能，但无法系统性的降低银行死亡率。对监管当局而言，关键挑战并非中小金融机构，而在于如何使具有系统重要性的金融机构保持稳定。

在中国，利率市场化和金融体系稳健性的关系有待验证。

15. 利率市场化和其他金融改革有最优顺序安排吗？

历史上，利率市场化和汇率改革，资本和金融交易账户的可兑换进程，似乎并没有太大关系，尽管20世纪八九十年代有些研究讨论了这个话题，但始终没有足够的实证支持。

在中国，不少学者认为，利率市场化可以改善人民币的对内价格，汇率则能够改善人民币的国际价格，因此，利率改革在先（此时应加强资本管制），汇率改革在后，最终是资本账户可兑换进程的基本达成。这种最优顺序安排逐渐在流行，却并无实际依据。在中国，任何真实的改革在任何时刻启动，都是正确选择，原因在于，我们并不能设计出或者判定出什么时候某项改革的前提条件是否成熟。

在任何时候，采取改革举措都是恰当而必要的。

互联网金融为何在退潮中风险频现？

流行的互联网金融词汇逐渐开始淡出，什么零边际成本社会、利基市场云云，热度已大降。尽管有人还在热切盼望中国经济的"互联网＋"时代，尽管互联网仍然有力地改写着诸多传统产业，但中国互联网金融在 2015 年年底已开始逐步退潮。退潮的标志是越来越多的互联网金融机构倒闭退出，甚至一而再、再而三地曝出金融丑闻，已令各地地方金融局如临大敌。不足三年，为什么互联网金融从如日中天到退潮搁浅？

旁氏骗局

这是一个相当苛刻的指责，但在现实生活中，确实有许多互联网金融的创始者并不在意其创立的企业是否真正具有可盈利的商业模式，是否具有传统金融不具备的核心竞争力。部分创始人本来就是以资本游戏的方式来进行所谓创业，他们期待的是爆发式成长，以烧钱获得足够大的流量，然后通过多轮创投、收购或上市实现迅速的退出。这本质上就是庞氏骗局。但创投很快意识到持续烧钱的危险性和退出机制的不畅，结果击鼓传花的断崖迅速降临。其中较为典型的例子是 e 租宝，所谓美女总裁、融资租赁云云，居然 95％ 以上的项目都是简单的骗局。这不得不令人扼腕。以偏差始，必然以骗局终。新近涌现的中晋与之有类似情况。

为什么骗局以互联网金融为名号？西方学者的相关研究显示，公司欺诈（corporate fraud）更容易出现在新兴成长行业，因为人们对这些行业更好奇和期待，更容易宽容它们的失败和泡沫化估值。而一些衰退中的行业出现广泛的公司欺诈的可能性很小。

风险

江南愤青笑称，一切不正视风险的金融创新，本质上都是在"耍流氓"。这击中了互联网金融的致命弱点。金融机构就是凭借不断增强的风险管理能力，才逐渐获得可持续的利润增长。与其说金融机构是专营货币的企业，不如说是专营风险的企业。近年来金融监管框架的重大变革，无一不是围绕资本充足率和全面风险管理展开。但互联网金融的创始人虽懂得互联网技术，懂得网络营销，但往往对风险却有意无意地漠视。非常之多所谓的 P2P 本质上既没有资本金优势，也没有客户群优势，更没有风险管控优势。论资金实力和成本，他们不如商业银行的小微事业部；论线下风险管控，他们往往不及一些较优秀的小贷公司。P2P 到最后往往沦落至股东出资、线上吸收资金、线下寻找项目和放贷的境地。最终在经济持续下行和信用风险高企时，大量 P2P 公司最终只有一条路——跑路。

倾销

激发人类的贪婪有两种方式，一种是期望卖价奇高，例如股票的高抛低吸。即便价格已经高得荒诞，投机者仍然相信价格会继续上涨。另外一种是期望买价奇低，甚至免费。因此我们常常可以看到互联网企业之间的惨烈竞争，往往在远远没有盈利且客户转化率很低时，就已开始为未来可能的垄断不顾一切。这种在传统商业中被称为倾销的手段，在互联网金融领域表现得非常广泛。它完全颠覆了传统商业生态链,把企业之间你好我好的关系,演变为你死我活的关系。其最终的结果,往往不是商业伙伴共同成长,而是一家独大,甚或集体陷入困境。

正常的金融活动,无论是否借助互联网手段展开,都不可能脱离金融产品和服务定价的常识。过分地试图通过做减法、做低价去竞争,十分偏执。互联网整个行业都笼罩在你死我活的以倾销追求垄断的竞争氛围中,不仅仅互联网金融如此,电商等同样如此,让人怀疑互联网金融到底是在分享,还是在自毁?

盲目

很少有互联网金融机构认真研究传统金融机构,而是以互联网为手段,提倡互联网思维,强调用户体验。这有其锐不可当的一面。但无论是互联网金融,还是金融互联网,金融是本质,互联网是工具。金融机构在几百年间始终伴随技术进步而进步。即便在当下,以银行为例子,我们也不能认为传统商业银行是互联网的绝缘体。恰恰相反,银行在互联网方面的投入和运用极其惊人,从数据大集中到全行一本账,从风控到征信,从传统渠道到各种新渠道,中国银行业在运用互联网技术方面,甚至在全球都极具竞争力。但银行不可能声称其摆脱了金融而成为互联网企业。大量互联网金融机构一拥而入时,甚至没有兴趣去看看,他们跑马圈地时正面交锋的对手是谁。这种盲目带来了激进的商业策略。最终传统金融受到了巨大冲击,但互联网金融机构也并没有在金融领域杀出一条生存的血路。互联网仅仅是一种工具而已,并不是金融本身。

焦虑

互联网从业人员常说,在 PC＋web 的时代,其一年相当于传统商业的四年,而手机＋App 的移动互联时代的一年,则又相当于固定互联时代的四年。因此,"线上一年,换了人间"。互联网金融的创业者高度浓缩了其创业的时空,往往要求在极其短促的时间之内，极其迅速地取得极大成功。不仅如此，这些创业精英往往还具有强烈的高杠杆倾向，从天使投资到 VC，其成长强烈地依赖外部资本，依赖客户的指数级增长，依赖其竞争对手迅速被击垮，依赖服务模式迅速切换到商业模式。这些创业者往往没有把握住自己成长的节奏，甚至没有给自己留下后路。

这与其说是互联网金融的精彩，不如说，本质上他们充满焦虑而缺乏忠诚。他们缺乏对互联网金融创业的持续投入和忠诚。其行为模式，更接近富有才华和青春的狂热赌徒。这种焦虑使得行业既在快速烧钱，也在快速燃烧青春，最终可能人财两得，但更可能人财两空。

监管

在中国互联网金融中广泛存在的监管套利，在西方难以存在，这在一定程度上解释了为什么互联网金融能在中国异军突起。监管松弛在于线上线下监管框架的不一致，线下对银行一般存款的严格监管，造就了余额宝的短暂奇迹。游离于金融监管体系之外的一些互联网金融机构在事后暴露问题时，其内部混乱和业务的子虚乌有甚至到了令人发指的地步。例如，客户资金往往被用来发放员工工资、奖金甚至炫富，连起码的托管制度都不存在。在一行三会都无法有效监管互联网金融机构的同时，地方金融局办则苦不堪言，他们确实难以事先监管那些在外省简单工商注册，在本省并无法人机构落地，却广泛展开玄虚业务的所谓互联网金融机构。有时，甚至商业银行等传统金融机构都无辜受牵累。监管为什么会如此松懈？互联网金融机构为什么一度成为特权机构，然后又迅速陷入治理整顿的境地？

我并不怀疑互联网金融机构在未来仍然会有巨大空间和颠覆力量，但未来数年是中国互联网金融的退潮时期。我们需要归还一些历史欠债，然后才能轻装出发。毕竟传统金融也正陷入困境中，我们需要互联网的持续创新和渗透，但不是运动式的狂热和复制。

最终人们可能不得不意识到，对创新的渴求折射出真正的创新稀缺而艰难，绝大多数企业和个人不具备创新的基本能力;对创业的梦想折射出创业失败与夭折的磨难,绝大多数个人不具备成为雇主的基本能力。至少在数学、物理等基础学科领域,科研者们常说,99%的科学家只完成了 1%的工作,而且 99%的工作则往往由 1%的杰出天才来包揽。无论是在互联网金融还是其他领域,真正的创新创业是难能可贵的,但引领中国走出经济困境的技术创新周期尚未降临,也不可能一蹴而就地创造出来。

金融功能的局限性

人们常说,金融是经济的核心,甚至说国际金融是当代经济的核心,但为什么金融是核心,而科研创新和实体经济却不是核心?对此似乎也并没有什么具说服力的解释。但金融是核心的观念重复次数多了,渐渐就习以为常。次贷危机至今,如何定义和评价金融核心功能及其缺陷性,也许能够给我们走出经济疲弱,走向复苏提供一个新的思考视角。

首先是货币数量论和费雪公式的局限性。在过去一个多世纪以来,$PY=MV$被奉为金科玉律,其中 M 为货币量,V 为货币流通速度,P 为物价水平,Y 为国民收入。它也是各种货币数量论学说的基础,但到如今,上述思考也许存在缺陷。一是货币口径的划分变得模糊化,使 M 不容易确定;二是即便用货币乘数来取代 V,这个因素仍无法事先测定;并且波动巨大;三是国民收入 Y 的实现,和一国经济的外向程度高度相关;四是资产价格未被纳入物价统计之中;五是货币供应并不仅仅为实体经济所吸收,也可能流入以股债、商品和房产为代表的资产体系中。因此费雪等式在今天面临太多挑战,我们只能说,央行的货币供应,既有可能流入实体经济,也有可能被金融资产价格所吸收。次贷危机至今,人们观察到各国央行都走上了比较激进的数量宽松政策之路,可究竟这些超发货币是驱动了实体复苏,还是驱动了资产价格的高涨,似乎并没有出现太详细的分析。这提醒我们,货币政策是否稳健,是否使实体经济复苏更容易,无法再倚重货币数量,而需要综合考虑货币价格以及资产价格。如果货币超发主要为资产价格上涨所吸收,那么央行宽松货币数量,就有可能和企业融资困难并存。

其次是货币供应并不等同于信用供应。在金融学界,人们频繁使用货币供给、货币需求等概念,但很少考虑这些概念本身到底指向什么。基本概念的模糊不清和基本变量关系的莫名其妙,是经济学科普遍存在的令人惊讶的现象。事实上,至今人们似乎都没有太严格地区分货币和信用。在我看来,央行有能力进行货币供应,但并不太具备信用供应的能力。央行货币供应经过货币政策传导,最终有可能形成实体经济或大类资产所需的信用。作为一枚硬币的两面,货币供应对应着的永远是信用需求,或者说不应存在甚至不应使用诸如货币需求或者信用供给这些概念。货币很可能是基本外生的,而信用则是基本内生的。央行货币供给的努力,并不总是能收获需用需求的扩张,两者之间的关系不太稳定,受到经济周期的强烈影响。

进一步地,衡量货币供应松紧的指标可能是无风险利率,而衡量信用需求松紧的指标则是风险溢价。这可能会给各国央行的量宽操作带来困扰,也许货币政策能够影响的主要是无风险利率,而风险溢价更多地和社会信用链条相关,和货币量宽有所脱钩。考虑到实体经济融资成本是无风险利率和风险溢价之和,央行能降低的无风险利率是有限的,风险溢价却主要由实体经济的信用违约率所决定,因此货币供给未必能带来信用需求,或者说,宽货币有可能和紧信用同时并存。更甚者,风险溢价的高企有可能迫使央行长期逗留在零利率甚至负利率状态。

再者是资产价格周期和经济周期不同步性有所强化和复杂化。至此我们不难看到,现代货币政策的传导机制日益复杂。在实体经济创新能力、盈利能力和违约风险没有总体改善之前,超发的流动性以及超低的无风险利率,会对股票、债券、大宗商品和房地产等大类资产价格产生持续影响。次贷危机以来,各国央行的刺激伴随着资产价格的显著上升,几乎成为共性现象。在经济不太景气时,货币周期很可能催生的是资产价格上升；而在经济周期改善时，货币周期极有可能使资产价格持续回落。对于不存在明显财富效应的经济体还好说，而对于存在较显著财富效应的经济体而言，经济周期和资产价格周期的不同步性，很大程度上在抵消货币周期的有效性。

最后是金融刺激和实体复苏的关系复杂。人们不得不考虑，庞大的金融资产总量，其对实体经济所索取的融资成本，是否是能够承受的？例如，在 M2 达到 GDP 的 2 倍甚至更高的状态下，如果存贷款利差在 2 个百分点左右，那也意味着金融体系对实体经济的净索取至少在 GDP 的 4%，庞大的金融资产存量有可能迫使货币供应的大部分被用来维持其自身的扩张，少部分才被分流用来支撑实体经济，但金融资产存量的总体成本本质上最终是由实体经济来承担的。因此如果金融刺激带来了日益庞大的金融资产存量，那么指向的趋势大致有两种：要么利率持续下行，使金融资产对实体经济的索取扩张得慢一些，要么利率大致稳定，使金融资产存量呈加速扩张的危险迹象。

次贷危机至今，也许我们逐步有理由怀疑所谓"金融是经济核心"这一命题，也许我们应当逐渐意识到金融功能的诸多局限性。在很大程度上，金融体系的财富分配功能远远强过其财富创造功能；同时超级央行的不断涌现，也是一个有待谨慎观察的现象。

颠覆和伪装：微信春节红包的可能意义

2015 年春节微信红包的状况，远远好于 2014 年，其具有的颠覆和伪颠覆的意义，应如何看待？

最大输家：央视春晚

我曾经写过小文，说也许不要 30 年，现在的中年人就会抱着他们的孙子，很艰难地解释上海东方明珠塔和广州"小蛮腰"电视塔原来的古老用途。电视作为不可或缺的传播平台的意义，已摇摇欲坠。尤其是春晚摇一摇红包本身就已宣布春晚之命休矣。这既是电视的没落，也是被广告、宣传和做作充斥的春晚的失败。人们确实是以等待红包为主、看春晚为辅，但移动互联还没有能填充春晚的巨大缺位。移动互联未来除了春节红包之外，还需要更大努力来填补春晚衰亡之后的内容流量的缺失。这让人们对移动娱乐更加期待。

最大妒家：马云

请注意在此我使用的是马云，而不是阿里系。比较上市前后，马云除了增强资本实力和阿里系的全球知名度之外，对阿里生态和业务创新投入的精力明显不足。

就电商而言，淘宝的生态链一直没有显著提升，并且在走向移动端上，看起来已败给腾讯。

就支付宝而言，其原来具有明显的几乎可以和银联抗衡的物理直连优势，这是其他第三方支付远远不能比拟的。但到如今，支付宝的优势已动摇，至少在小额支付领域，微信支付、支付宝和银联支付三足鼎立的局面已形成。

就打车软件而言，目前的信息指向也对马云不利。

在小微金融方面，余额宝和阿里小贷未老先衰，而微众银行的未来还不明确。当然马云还有其他诸多未上市资产，但马云的领先和还算正面的商业形象已动摇。不过，很可能马云和小二们仍然没有危机感。这个春节，没有人记得马云，没有人记得此前 4 个月的"双 11"节，也没有人提及支付宝红包。

由此可附加一句，尽管 VISA 和 Master 从 1985 年以来等待了这么久，终于可以进入中国市场；但中国移动互联的发展，使我对 VISA 在华的处境，甚至对银行实体卡的未来，都没有任何信心。智能卡是徒劳的、本可直接越过的烧钱升迁。

最大赢家：腾讯微信

姑且不论春节之后，会有多少银行卡会解绑，微信仍是大赢家。最关键的一点在于，腾讯向公众表明了，微信支付能够承受饱和冲击并保证系统的大致顺畅和安全。微信春节红包的派发次数在百亿笔，从交易笔数和单位时间交易笔数的强度看，这种饱和峰值下运行的能力，都已和银联、支付宝处于同样的量级。移动支付的成功，还在于年轻人在安定富足的环境下成长，更容易轻易信任。而在 1970 年之前出生的中国人不具备 85 后那样对信息技术的信任感。或者说，银行在 20 世纪 90 年代初推动互联网金融之所以迟钝，和现在互联网金融迅猛扩张，部分原因在于中年以上的客户更狐疑，哪怕是面对实实在在的银行；而年轻人更轻信，哪怕是在对信息技术的风险并不了解的情况下。微信春节红包以饱和冲击的方式，证明了微信支付有能力提供点对点支付服务,为未来 P2P 和众筹提供了某种必要前提。

微信会重复 QQ 在固定端的优劣吗?仍受困于如何用流量换盈利吗?现在还不能确定。但令人欣慰的是,PC＋web 的固定互联,能适当容忍 3～5 家的竞争垄断;但在移动互联,空间维度的急剧收缩,使得平台具有更强烈的垄断性,未来出现取代微信的大众社交软件的难度极大。

最大受益者:年轻草根

据说这次春节红包,主要发红包者发送的红包金额,是其收到红包的大约 4～5 倍,这意味着富裕者和年长者对年轻人超过百亿元的转移支付。这种转移支付并非恩赐,而是顾及了年轻人的趣味和尊严。考虑到中国法律系统对线上和线下的巨大差异,考虑到中国在移动互联基础设施方面的持续投入,移动互联有可能打破逐步固化的利益格局、阶层格局和产业格局。覆盖全球 180 多个国家的微信春节红包,使人们有理由对中国移动互联网的未来寄托更高期望,尤其是在全球其他国家的精英和民众也罢,甚至还无法理解微信红包时更是如此。微信支付似乎证明了,对于移动商业模式的扩张,移动支付已经准备好了。这种土壤的重要性和支付宝对淘宝的意义是可类比的,但人们期待微支付上生长的,不是假冒伪劣商品。基于移动互联的商业模式将是中国新生代的成功沃土。

最大困惑者:央行

央行肯定会困惑,这个微信红包从支付清算领域看,是什么?冲击了什么?我简单罗列一下自己的困惑。

(1)支付宝的购卡充值方式已经终结,并且支付宝是依托银行卡系统而存在的。但微信不同,其平台上还包含着从 QQ 平移过来的客户以及大量非实名认证手机用户,甚至海外手机的客户。Q币仍可为零钱充值,因此微信支付包含零钱账户体系和银行卡体系两大账户体系,前者包含广泛的匿名账户,Q币充值还意味着零钱账户对腾讯而言是余额开放账户,而不是转接支付账户。不仅如此,零钱账户体系和银行卡账户体系是打通的。

(2)支付宝也罢,微信支付也罢,都无法避免虚假交易和资金匿名转移。

(3)支付宝和微信支付的便利性,都是通过绑定银行卡,对原来银行网银或手机银行的强有效、强安全的实名认证,进行了最大幅度的弱化而带来的。对账户是否实名强验证还是弱验证,是造成手机银行和微信支付便利性差异的关键,否则中国工商银行的e支付就胜出了。

我们必须看到,微信支付借助春节红包在全球的巨大成功,不在于互联网金融能跨国落地,而在于微信是作为社交App而落地的,微信支付嵌入其中。国外金融监管当局还未弄清状况,没有要求海外微信支付落地需要金融监管许可。从支付宝在走出国门时四处碰壁看,微信支付的命运也是一样的。如果中国互联网金融企业不能彻底清理自身在远程开户、匿名、洗钱、虚拟发钞方面的漏洞、诱惑和冲动,那互联网金融就有先天不足了。

最大伪颠覆：P2P、众筹

微信春节红包让许多人欢呼P2P、众筹的光明未来,甚至认为一人一票的普遍民主,轻松地就可以通过类似春晚红包摇一摇,零成本地实现了。限于篇幅,本文暂不讨论互联网经济使边际成本趋向于零这种谬论(持此谬论者可能忽视了无线电视、广播也是以免费方式提供的)。真正的移动互联企业需要具有重要节点平台、大数据和云平台三大要素。绝大多数P2P并非互联网企业,其手机应用无人关注,也不拥有大数据,只是在租用云平台。因此本质上,绝大多数P2P只是在借助线上吸取资金、宣传项目,而寻找投资项目和风险控制的大量工作,仍需要以线下劳动密集型的方式进行。绝大多数P2P的2015年是悲惨的。

　　至于众筹则更遥远一些,在目前的国情和法律下,众筹和乱集资、诈骗仅一步之遥。说到底,微信春节红包是发红包者的资金借助微信支付进行分配,除微支付系统本身在饱和冲击下运行的可靠性之外,微信红包尚未涉及金融风险管理的任何核心环节。我很喜欢一句话:"脱离了风险管理搞创新,都是在耍流氓。"至于摇出民主,这和我们在谈选秀节目时,将选秀明星和粉丝民主挂钩一样,都显得荒诞可笑。

尾巴大不过躯干:互联网金融长尾市场伪论

我们常常听说互联网金融是服务于长尾市场的,具有普惠金融的特点,互联网对碎片化的长尾市场的整合,使其成为足以抗衡核心市场的重要力量。这样的说法,无论从理论到现实都难以成立。我们只能说,互联网金融发端于长尾市场,但其未来发展,必然需要摆脱长尾市场的约束。

没有什么动物的尾巴能大过身体,即便是松鼠、狐狸恐怕也很难。长尾市场同样很难逾越核心市场。"长尾"一词来自于数理统计,指的是偏离期望值比较远的区域,在正态分布下,偏离数学期望1.5个标准差的区域就属于尾部了,所有尾部事件的概率加起来不超过5%。因此在统计学中,常用的词汇是长尾效应(Long Tail Effect)。商业界的人借用了这样的词汇。如果说基于客户分级和服务分级的"二八定律"是存在的话,那么商业机构服务好最高端的20%的核心客户,就获得了80%的市场收益;而余下的80%的客户通常只能贡献20%的市场份额。这是金融机构财富管理和私人银行生存的重要基础。二八定律赋予金融机构嫌贫爱富的特性。

互联网的颠覆意义在于,原本碎片化的尾部市场,通过强有力的交易效率加以整合,成为重要的客户群和市场力量。这是传统金融机构难以覆盖的领域。但这并不意味着互联网金融可以将其未来寄托在长尾市场的基础之上。

让我们看两个实际的例子：一个是唯品会的成功，一个是雷格斯（Regus）商务中心的服务模式。有评论认为，唯品会的成功，在很大程度上是因为淘宝忽视了品牌市场。这有一定的道理。在走品牌线路，而不是淘宝/天猫式的网络集贸市场时，凡客诚品定位于廉价的中低端，现在它陷入财务困境，需要注资；唯品会则带有网上奥特莱斯的味道，现在市值不断飙升。长尾市场的缺陷，在选择网购不同定位战略时，表现得淋漓尽致。

公众可能对雷格斯商务中心比较陌生，这是一个著名的国际商务写字楼分租集团，其客户为刚刚起步的中小企业，它也提供虚拟办公室的服务，以极大地降低企业运营成本。雷格斯的定位决定了在它的客户中，没有世界 500 强，永远也没有机会达到万达集团的水准。举雷格斯的例子并非说其不成功，而是说定位决定了发展潜能。回顾淘宝，为什么在过去 10 年，淘宝平台虽然有千万级别的卖家，却未曾有任何一家企业成长为受人瞩目的成功大企业？淘宝不具有企业孵化器的特性，不具有纳斯达克的特性，其定位于长尾市场曾是优势，但现在来看已是巨大制约。再多的草本植物也无法酝酿出木本大树，这就极大地限制了淘宝/阿里平台的价值：单个客户价值过低。在我看来，2013 年光棍节相对 2012 年的复合增长，对追求高成长的互联网企业来说，仅仅是差强人意而已。

淘宝自身似乎也未能意识到余额宝为什么能取得成功，其中的因素有很多：例如恰好协存利率较高加上银行对活期储蓄不够重视；例如支付宝对所有银行卡的互联互通，使其具有强大的资金归集和分配能力。但余额宝最大的成功，恰恰在于摆脱了长尾市场的惯性。我们可以将余额宝的增长分为三个阶段：第一阶段是未提供货基型现金管理时的余额，此时余额大多是商家懒得打理的零星余额，这是网购交易形成的，日均余额不超过 400 亿元，单个账户平均余额不超过 300 元；第二阶段是刚开始和天弘基金合作时的余额，此时余额宝的增长，大多来自网购客户和商户，但这部分余额本身就是冲着货币基金的高收益而去，和网购意图无关，初期余额宝余额约千亿元，其中高余额的 20% 的账户平均余额为 3000 元；第三阶段是天弘基金大热时，越来越多的人群加入，货币基金余额直逼 6000 亿元，其中高余额的 20％的账户平均余额近 3 万元。这三个阶段清晰地表明了，如果淘宝固守长尾市场，现在余额宝的余额也难以超过 800 亿元；在第二阶段和第三阶段中，第二阶段的主力应是淘宝活跃用户，第三阶段的主力是网购热情不高但对货币基金收益热情高涨的人群。这三个阶段余额宝用户的跃迁，精确地遵守正态分布，即 20％的客户带来了 70％（大约偏离期望值在 1 个标准差之内）的资金，而原有的庞大的客户只提供了很有限的资金。

　　过去的故事是：互联网金融依赖长尾市场发迹；未来的趋势是：仅仅有长尾，而不切入核心市场和核心客户，那么互联网金融就等于放弃了主角的配角，只能是一种渲染而不是颠覆。互联网企业应该有自下而上生长的野心。

离岸和匿名时代可能正在消亡之中

二战以来,全球广泛出现了所谓离岸中心的创新浪潮,伦敦、纽约、香港、新加坡等城市纷纷加入,此外还有一些以岛国为主的避税天堂。而欧洲的瑞士和卢森堡的情况,也很接近离岸中心的状态。离岸金融很大程度上是由于金融和税收等监管松弛所致。

互联网创新以来,匿名时代骤然降临。最著名的口号是,在互联网上,没有人知道你是一头猪。电子邮件、门户网站留言、MSN/QQ 等即时通信软件,博客、微信等都曾经或至今仍然是匿名的。互联网的匿名时代给人们无拘无束的交流带来了便利,带来了情绪宣泄,也带来了潜在危害。

离岸金融本身具有匿名倾向,在离岸、金融和互联网这三个要素叠加之后,情况变动更加复杂。虚假交易只是小问题,在这个复杂生态中,大规模的税收偷套、资产转移甚至洗钱都有可能变得逐渐失控。

各种迹象显示,离岸退潮,向在岸回归;匿名衰亡,向实名过渡恐怕是不可避免的。离岸退潮,是由于国家在全球化时代和跨国公司的对抗之中,逐步落在下风,国家对跨国公司过度利用离岸中心和避税天堂失去了容忍。20 世纪 90 年代后期,德国政府曾尖锐批评西门子等跨国公司,称这些公司成长得越来越大,雇用的员工数量不断增加,但缴纳给政府的税收越来越少,甚至逐渐还要求政府给予补贴。美国近年来也多次对苹果等企业的海外利润留存表示不满。这不能归结为当时德国受两德合并之困扰，美国受次贷危机之困的权宜之计。

离岸和在岸法律法规的趋同恐怕已是大势所趋。对客户匿名和保密的习惯已过时。新的规制实际上是由经济合作与发展组织（OECD）和 G20 共同推进的，因此不满于离岸金融的并不仅仅是发达国家，发展中国家也同样不满，中国就深受离岸金融为贪腐、洗钱和逃税、返程投资和资产跨境转移之苦。

互联网的草莽时代逐渐收网。许多 IT 企业及其客户不仅在追求热闹，也在胡闹，他们要的不是法律的特区而是盲区。匿名时代和黑客精神并没有什么关系，匿名的形成主要是 IT 企业缺乏对客户进行真实身份验证的传统，其运作方式是先有业务服务模式，后有商业盈利模式，即先上车，后买票。客户黏性低和迁徙率高迫使其不得不如此。但这种匿名传统和金融服务传统格格不入。在互联网和金融的较量中，放弃匿名回归实名，互联网活动强制留痕和可追溯可能难以回避。即便不考虑互联网和金融的结合，匿名传统本身也在侵蚀着互联网的公信力，匿名使网络的负能量和正能量同样强大。

中国的金融机构并不受到离岸和匿名的太大影响。但是电信运营商和互联网巨头们则明显受到影响。放弃离岸和匿名思维可能是痛苦的，但却不得不如此，因为迫使它们做出放弃选择的，是全球主要发达国家和发展中大国。属于离岸和匿名的时代渐渐过去了。

离岸中心的退潮无疑会使新加坡、中国香港等城市的未来命运变得更加难以预料。对香港而言，在经济金融上必须做出在岸化的选择，但香港年轻一代的身份认同却在离岸化。这种趋势也会使上海自贸区的未来显得不伦不类。

互联网金融在丧失了匿名和离岸（其实线上金融比线下的离岸金融，离法律监管框架更加遥远）两大沃土之后，看起来可能更像是传统金融。如果 IT 精英们坚持互联网即离岸、匿名即天下，那么他们遭遇的法律麻烦会日益增加，反而影响了其扩张步伐。其中非常好的一个样本就是阿里巴巴，人们不妨等待其业务最终能够得到哪个国家或地区的批准而落地。这种落地是阿里巴巴和本土法律激荡的艰难过程。

在轻盈和沉重之间：从 IT 企业的特性看互联网金融

相信在余额宝之后，互联网金融可能会略有降温，迫使我们从更深的层面思考：创新和泡沫究竟何在？ IT 企业如果期望切入金融，需要哪些不可或缺的基本功？

尽管人们围绕金融互联网还是互联网金融有无谓的争论，现在看来，本质上的挑战是：一些 IT 企业，在突破金融牌照和监管，突破资本充足率和风险管理体系，突破现有旧巢和惯性，以 IT 企业的身份介入金融服务。IT 企业跨界做金融，这是现在正在发生的颠覆性的事情。

IT 企业有其独特的精神气质，例如开放、交互、平等、竞争。这是其往往能以出乎意料的方式，以极迅捷的方式为客户提供良好的服务。但 IT 企业的投机性以及企业之间的过度竞争甚至恶意中伤也比比皆是。和 IT 企业相比，金融机构传统保守，凡事必从资本配置、资产负债匹配和风险管理入手，市场反应和创新节奏都相对迟缓。或者说，IT 企业相对轻盈，传统金融相对沉重。

IT 企业在切入金融服务时，仍然沿用了其习惯，即先有服务模式，然后提升客户感受，接着争取市场份额，最后加载盈利模式。IT 企业几乎都坚信，在一种成功的服务模式之上，探索加载商业和盈利模式都是顺理成章的。亚马逊、谷歌、Facebook、WhatsApp 都是如此。先有超人气，然后有好票房似乎是必然的。

这种思维颠覆了传统金融，传统金融机构小心翼翼地看待每一种金融服务的提供模式、风险管理和盈利前景，在这些都不明朗之前，最多只是浅尝辄止。至今似乎只有在信用卡行业，来自台湾的营销模式采取了烧钱铺市场之路，至今仍有许多商业银行的信用卡业务仍在苦苦挣扎，试图达到盈亏平衡点。

先考虑服务模式还是盈利模式？IT业和金融业存在显著差异。IT企业愿意探索出一条新路来，然后建收费站；金融企业更愿意看清此路不通还是可通，然后再走。IT企业可能会说，不尝试走新路，你怎么知道此路不通？而金融企业则会回应说，如果此路不通，谁为失败买单？

有着更轻资产和集聚更多野心勃勃的年轻天才的IT企业，毫无顾忌地创新；有着更重资产和从业几十年才到达高位的金融精英们，几乎总是对人品甚至人性充满疑虑。

IT企业创新了，喜新厌旧和永远不考虑长远的资本市场给了其高估值。中国的一些IT企业，例如腾讯、阿里巴巴、百度，市值在500亿～1000亿美元，盈利通常不会超过20亿美元；中国的大银行和全国性银行，市值通常在1000亿～2000亿美元，盈利通常在100亿～400亿美元。但投资者仍然将热情给予了被视为进取创新代表未来的IT企业，而将冷漠给予了被视为保守谨慎改良的银行。

考虑到昂贵的估值和期待的高增长，以及作为对金融十分陌生的新入侵者，IT企业所承受的巨大焦虑，比表面上处于守势的传统金融机构更甚。最近中国的一些所谓互联网金融创新，更多的是IT企业走下互联网，到线下来尝试切市场、拉客户。

IT企业实质性地介入了金融行业，但却不需要遵从烦琐的金融监管法规，这是极大优势。但如果IT企业想要长久地从事金融业，建立互联网金融帝国，就一定要在基本功上持续投入，例如账户体系和支付清算体系。因为无论你通过怎样的科技手段，金融服务一定需要认识两点，一是你是谁？二是你要把钱放在现在还是将来？放在这里还是那里？也就是说，金融一定是为真实的自然人或法人提供资金在时间和空间上的最优配置。

唯有账户能解决"你是谁"这个本质问题。关于账户，我已反复强调其基本因素是基于客户实名身份识别的金融服务账户。金融机构迄今已建立了庞大的金融账户体系。反观 IT 企业，可能部分电信营运商和阿里巴巴拥有一些账户资源。例如阿里巴巴对其电商卖家拥有相对完整的账户大数据；因为淘宝和天猫等平台是需要线下真实工商执照或身份证信息才能注册运营的；但阿里巴巴掌握买家的信息并非账户信息，根源在于支付宝当时不需要实名注册，而阿里巴巴也无从了解和支付宝绑定的银行卡账户信息，该账户信息在开卡银行的大数据系统中。这在很大程度上使阿里巴巴有能力对其电商平台上的卖家提供阿里小贷，但却缺乏足够能力为买家提供消费信贷支持。而腾讯或百度很可能都还没有尝试建立完备账户系统的设想。

如果 IT 不能完成"你是谁"的甄别，那么加载盈利模式就岌岌可危，即便加载了也同样不靠谱。微博曾红极一时，如今已是曲终人散，对微博大 V 们加载商业模式前景黯淡。原因就在于，IT 服务如此庞杂，客户几乎没有忠诚度或黏性。脱离了账户体系的互联网金融体系，即便不是空中楼阁，至少也是将大厦建在了流沙之上。

"要把钱放在哪里"是在认清了"你是谁"之后，为你所提供的资金跨期跨区域的配置，这必然涉及支付清算体系。目前央行的支付清算体系包括大额实时支付和小额批量支付、支付清算系统等在全球处于领先地位的体系，但接入这些体系的最基本的前提必然是金融账户，无论 IT 精英有多强的想象力，都不可能设想一个匿名账户有接入央行支付清算体系终任何一个子系统的可能性。2015 年上半年中国大额支付的日均交易额接近 10 万亿元，相比之下互联网金融在支付领域的占比几乎可以忽略不计。同时，除了中国银联和支付宝之外，其余所有第三方支付都不具备跨行转接能力，这些机构如果遭遇银联和支付宝的激烈竞争，可选的方式就是向央行支付清算体系求助，但如果 IT 企业如果尝试以绕过建立账户的方式直接赚钱，那么这种求助就失去了可能性。

至此我们可以清楚地看到，如果 IT 企业不能在线解决"你是谁"和"要把钱放在哪里"，那么所谓互联网金融就一定会在中后端从线上走到线下，重新委身于传统金融机构。那么所谓创新就很难是对传统金融构成颠覆意义的创新。

轻盈的可以飞翔，沉重的将沉稳迈步，至今飞行的猛禽大不过行走的猛兽，期待IT精英们认真思考和学习传统金融的精髓，推陈出新。现在买股票要买IT企业的，因为它们受捧；但存钱要存在银行的财富私行，因为它们可靠。

谈谈余额宝的监管思路

货币类型基金的发展及其流动性的管理，在国内外都颇有争议。余额宝以及各种真假互联网货币基金，使得问题格外引人关注。在讨论如何建立有效监管思路之前，我们需要对现状进行一些界定。

第一，双重合约风险。这是一个容易被忽视的问题。线下基金公司和基金投资者建立了一对多的合约关系，双方的权利义务明晰。银行和基金借助网络平台销售的基金，除了购买过程通过网络完成，其他和线下交易没有差异。但余额宝等互联网基金，本质上涉及两个合约：首先是余额宝账户持有者和支付宝的一对多合约，这似乎仅仅是一种不言自明的现金信托合约，支付宝是受托人。其次是余额宝和天弘基金的一对一合约，这是货币基金管理合约。其他类似余额宝的互联网基金也存在类似双重合约的问题。我们不难观察到，投资者和互联网公司的合约关系是极其模糊的，这会给未来合约纠纷埋下隐患。考虑到支付宝控股了天弘基金，双重合约问题可能还相对容易协商；但其他各种互联网基金涉及的互联网公司和基金公司并不存在股权关系，问题会麻烦得多。

第二，类互联网基金的线上募集和线下管理问题。目前的各种互联网基金，并不都可以归结为互联网货币基金。目前除了中国银联和支付宝能够与几乎所有商业银行的银行卡数据中心直联之外，其他第三方机构并不具备相应能力。因此支付宝当中的余额宝,和天弘基金的增利宝之间实时互通,保证了其能够当日内购买和赎回,是标准的线上募集和管理。但包括腾讯、百度等旗下的其他各类货币基金,其实质都是"渠道替代",也就是互联网很大程度上替代了银行等线下渠道。类互联网基金通常既通过互联网前端也通过线下双线销售。也就是说,这类货基的投资者,存在线上和线下两类。类互联网基金并不能做到在线募集、赎回和管理。这会使得仅作为渠道替代的互联网公司,在类互联网货币基金的运行中,本身的法律地位更模糊不清。

第三,息差损和隐含期限错配问题。对货币基金而言,息差损是突破协议存款配置上限的关键条款,否则货币基金就只能将资产的30％配在协议存款中。但息差损的关键问题有三个:息差损是第一性的可选约定,还是第二性的备选约定?现在银行和货基似乎都将其视为备选约定。如果没有息差损条款,协存利率是否会有所下行?除证监会之外,其他金融监管部门和央行对此的判断如何?这三个隐含问题都悬而未决。在我看来,息差损本质上是使货币基金无成本地获得了一个利率看涨的期限选择权,行权价格对银行貌似闭口,实则是敞口的损失。这在同业利率集聚上浮时将变得十分突出,银行的流动性安排会受到挑战。因此,相对理性的做法是不容忍息差损,但也放宽货基可配协存的比例。这可能导致货基因失去隐含期限错配,而收益率下降,但基金和银行流动性管理不再受息差损的扰动。

第四,互联网基金对流动性的冲击问题。各类互联网基金规模的增长,会给金融体系的流动性管理带来挑战。粗略估算,假定货币市场发生突变,日内赎回达到基金募集规模的10％;假定货基的协议存款银行约30家且每家日内可承受的流动性撤回金额为50亿元,假定货基在托管账户和日内到期的流动性为基金规模的5％,其他流动性支撑渠道太弱小,几乎可以忽略。那么当货币基金极限规模达到3万亿元时,金融体系可勉强承受日内赎回压力,但难以承受连续2天以上的持续赎回。按目前的趋势,数年内互联网基金就可能使中国金融体系流动性管理的格局重新改写。顺便说一句,将货基托管账户的余额纳入一般性存款管理,不仅于事无补,反而可能引发更多问题。毕竟托管账户内的备付金有限,而同业存款不是基础货币而是流动性调节工具,并且各国还没有将货币基金纳入存款保险范围的先例。

第五,央行是否应设立紧急流动性窗口的问题。货币市场能否承受货基大规模赎回冲击的问题,在次贷危机中已有充分表现。最终,美国证监会要求所有货币市场基金资产的10%要配置为以现金、国债或其他可日内变现的准现金形式持有;30%的资产要在7天内可变现。并缩短了货基所持债券的最大平均到期时间,并要求货基加强信息披露。但也就仅此而已,美国证监会没有继续推进对货币市场基金改善监管的能力。至此,美国货币市场基金的监管改革不了了之。在中国,这个问题是类似的,如何有效监管互联网金融,也不是证监会独立能及。考虑到2013年6月流动性骤紧的压力状况,考虑到基金公司比商业银行的资本状况和流动性状况更脆弱,央行也许应该考虑给予所有货币基金以紧急流动性窗口的支持,紧急流动性的成本由基金公司承担。另外,尝试用市值赎回法的可行性以及互联网基金按月披露信息的要求应属正常。

第六,如何加速利率市场化和避免监管套利的问题。互联网基金得以快速发展,银行应多多反思。其本质仍然在于在利率市场化进程中,银行为客户所提供的现金管理过于薄弱。因此对互联网金融的监管,可能需要央行主导三会配合,地方金融办分担一定职责。但总体思路不能是挤压带普惠金融特性的、勤快的互联网企业,却宠爱一向嫌贫爱富的、懒散的大银行。除了适当提高活期存款利率,降低银行理财产品的门槛,赋予银行更大的资金定价权之外,适当拓宽货基的资产配置范围,逐步缩小互联网金融和传统基金的资金双轨和监管双轨,才是长远之计。

第三章

股市之筋

重估中国,再燃希望

目前中国经济所处的状态类似于 1998—2003 年期间。GDP 增速是 1990 年以来最差,以 PPI 而言是改革开放以来的最差,固定资产投资增速是 1999 年以来的最差,工业增加值是 15 年来最差,外贸是 2009 年以来最差。这种糟糕状态不应该成为中国经济的常态。

据说 2016 年年初是全球资本市场近 40 年来最惨淡的开局,全球股市在短短两周内下跌了逾 7%,中国股市从 2015 年下半年以来,连续经历了两次重大股灾,状况之糟和次贷危机对 A 股的冲击几乎相当。投资者信心溃散。短短半个月内,其实中国实体经济并无显著变化。这需要我们谨慎地重估中国经济,从中看到挑战和希望。

当前中国经济的状态,和 1998—2003 年期间,有什么显著不同? 好的不同在于,当下中国银行体系比 15 年前要好得多,外汇储备则和 15 年前的寒酸规模不具可比性。当下私营经济的规模和能力,较之 15 年前国有经济担任绝对主角有了很大不同。当下社会保障体系使失业工人以及农村居民所处的状态,比起 15 年前大批工人下岗和农村凋敝要好一些。坏的不同在于,中国经济增长的外部环境变得更糟,世界经济增速回到了二战以来的平均水平,面临创新不足的困扰。全球化也有所倒退,中国不再具有加入 WTO 那样的外部推动力。中国产能过剩的情况比

15 年前严峻得多。

结合中国经济的状态，不难理解当下 A 股的状态。

历史上 A 股几次较低的估值，除了 2005 年"千点论"前后和次贷危机之后大约 14～16 倍的估值之外，2011 年下半年和 2012 年全年 A 股则处于更低的 11～13 倍的持续低估值水平。当下 A 股估值已几乎处于历史低点。考虑到当下美股比 2011 年时要贵得多，因此当下 A 股横向看起来更便宜一些；考虑到当下中国经济比 2011 年要更糟糕，因此当下 A 股纵向看起来更贵一些；考虑到当下流动性的价格和数量比 2011 年宽裕得多，因此当下 A 股似乎有更充实些的流动性支持。也许我们可以认为，当下 A 股便宜的估值，和实体经济的真实状态是相匹配的。

但究竟是什么导致了 2016 年以来的股灾？也许是严峻的现实，使得人们不得不从市场机制的视角，去重新评估中国经济和股市，各种稳增长的政府背书带来的"增长率溢价"和"股市溢价"逐渐被看淡，人们焦虑情绪中所表达的矛盾在于，既已放弃了对政府背书带来的溢价效应的过分期待，却又对市场出清本身带来的贴水（溢价）深怀抗拒。

2001 年中国经济下行以来，政府背书溢价体现在何处？

它体现在继续对基础设施等持续温和刺激，以维持 GDP 增速在较高水平。它体现在楼市已供过于求的背景下，"十二五"期间仍以 3600 万套保障房为稳增长手段，而在 1998 年之后相当长的时间，刺激楼市确实扮演了帮助经济增长走出困境的政策抓手。它体现在不断强化的财政货币刺激，使得 2003—2012 年持续膨胀的制造业，仍然维持了较强的惯性。这些措施带来了经济和股市的溢价效应，但很少有人相信这种溢价效应在 2016 年还能持续下去。

从 2016 年中国政府加速市场出清以来，市场出清的贴水逐渐显露，但这并不意味着必要的改革措施可以继续拖延或者避免。例如增长率的下行，如果稳增长的措施过于昂贵，那么它迟早会被弱化，但人们却仍然期待财政赤字率的持续扩张。例如尽管对钢铁煤炭等过剩产能的清理是必要的，但如何平衡地方经济和安置从业人员却仍棘手，重灾区的经济低迷则更令人担心。例如人民币汇率，尽管其重估是对次贷危机以来实际有效汇率上行过快的对冲,也折射出 2009 年以来中国货物贸易的真实状况,尽管中国央行储备雄厚,汇率也仅从 8 月 11 日以来的 6.44 温和修正了不足 3%,但人们仍然对汇率走势疲软感到恐惧。例如资本市场的注册制改革等,尽管是必要的,但对其可能的影响也仍深感不安。弱化稳增长刺激,汇率重估,去产能化或者注册制是否势在必行?或者仍可延后甚至回避?上述从 2016 年开始逐渐明朗的措施,和 15 年前朱镕基时期的改革、和党的十八届三中全会的宏大改革相比,人们似乎仍然无法接受市场出清带来的贴水。

回顾当下的中国经济和股市,令人相信中国资本市场有一段很重要的参考背景,即在 2011—2012 年期间,既无改革也无刺激更无政策的牛市 A 股市场,也许大致是中国股市合理估值的底部区间。如此看来,重估中国需要考虑政府溢价和市场贴水,再燃希望需要从历史估值的低点中,看到当下 A 股蕴含的投资价值和希望。

股市新疲态下还有机会吗？

中国经济的未来增速被定义为 L 形，也就是说，2010 年下半年以来经济增速的不断下行，并非三期叠加带来的暂时状态，而很可能是中国经济长久性地换挡，从高速转向中高速增长。如果权威人士判断的 L 形成立，则很可能意味着中国的投资收益率也将逐步下行。同时，中国 A 股市场也不可避免地会受到经济增长周期和宏观调控周期影响，从而给投资者带来持续而深刻的影响。

那么，如何看待 2016 年内以及 2017 年中国 A 股市场的可能机会？

1. 从人、狗和绳子看增长同期和货币周期

当我们尝试对 A 股市场的估值是否合理进行评估时，需要一个简洁清晰的框架，否则无法认知股价是否合理。除了最常见的市盈率、市净率指标外，股市市值/GDP 之比、托宾的 Q 比率以及戈登模型是另外三个可以考虑的简单评估方法。

（1）就 A 股市值/GDP 的占比看，巴菲特认为，这个比例在 50%～70% 较合适，超过 100% 则有高估之嫌。截至 2016 年第一季度末，中国 A 股总市值约在 45 万亿元，但特别的是，其中流通股市值只有 35 万亿元，而自由流通市值仅约 22 万亿元，扣除证金公司的持股后，很可能目前 A 股的自由流通市值不足 20 万亿元。

（2）就托宾的 Q 比例看，目前中国 A 股市场中，不少上证 50 的大股票，尤其是银行、煤炭、钢铁等上市公司的市值，已经低于公司重置价值。Q 比例如此偏低，折射出投资者对部分行业中长期前景的悲观心态。

（3）就戈登模型而言，A 股的估值可以视为折现率扣除永续增长率之后的倒数。贴现率可以用无风险利率和风险溢价之和来描述，永续增长率可以用中长期经济增速来描述。我们曾用戈登模型计算了自 1997 年之后 20 年的 A 股估值状态，结论是，戈登模型非常好地勾勒了 A 股的总体运行状况，尤其是对市场拐点的勾勒准确无误。如果我们将中国的无风险利率定义为和长期通胀率一致的 2.5％，将中国投资的风险溢价定义为 10％（美国的风险溢价通常为 6％～7％），将中国的永续增长率定义为 6.5％（即在 2020 年之前政府承诺的经济目标增速），则 A 股目前的戈登模型合理估值为 16.7 倍的市盈率。

以上估值方法隐含着这样的判断：从中长期看，股市估值是否合理一定取决于实体经济，而非相反。一个通俗的比喻是，实体经济是人，股市是人牵着绳子遛的那条狗，而遛狗的绳子长度是宏观刺激政策。

就短期来说，人和狗的关系，有可能是人跑在前头，也可能是狗跑在前头，这种短暂的错位关系变化十分频繁，同时如果遛狗的绳子越放越长，那么人和狗的前后位置偏离会更严重一些。但绳子的长度不可能放松到牵狗人和狗之间失联的程度。

从中长期看，人、狗和绳子的关系是十分明确的，一定是人牵引着狗走向远方，绝不可能相反；同时绳子长短的变化也不能改变人遛狗的基本逻辑。也就是说，经济周期决定了资产价格周期，而不是相反。财政或货币政策的松紧，可以暂时打乱经济周期和资产价格周期的关系。

2. A 股现实和未来的估值趋势

基于以上的估值方法以及对经济周期、货币周期和资产价格周期的关系，我们来观察当下的中国 A 股市场。我们倾向于认为,大股票的估值取决于深改何时能够真正挂挡前行,小股票的估值取决于"双创"的含金量,目前中国 A 股市场的主导力量仍然是以择时价差交易为主的个人投机者,而摆脱新常态下股市疲态的关键,可能在于将财政和货币等宏观政策撤除出去、等待中国经济周期的复苏迹象出现。

(1)就股市市值/GDP 的比率看 A 股估值,不难看到,在全球范围内,中国 A 股目前的估值相对合理,并不比欧美日等西方市场的泡沫更多。次贷危机至今,美国股市总市值已大过其 GDP;日本 GDP 约为中国的 50%,但日本股市市值却略大于 A 股。

(2)就市盈率、市净率和托宾的 Q 比例看 A 股估值,不难看到,大股票可能接近合理估值,而小股票仍令人担忧。例如目前以沪深 300 为代表的大股票,其市盈率约为 13 倍,市净率约在 1.8 倍,都已非常接近 2008 年美国次贷危机后的 A 股估值低点,当下 A 股和次贷危机时期的估值差异已不超过 3%。如果我们不认为未来中国经济会比次贷危机最严峻时更糟糕,那么当下大股票的估值基本合理。对比之下,以中小板和创业板为代表的小股票仍然很贵,目前市场简单算术平均市盈率超过 80 倍,中位数市盈率接近 60 倍。即便我们假定成长股可容忍的估值在约40 倍,那它仍然意味着 A 股的小股票至少仍存在超过 20% 的下跌空间。

(3)就戈登模型看 A 股估值,总体而言似乎估值已合理。但其中较为敏感的是,如何对中国的长期物价、风险溢价以及永续增长进行定义？尤其是后两者。就风险溢价而言,发达国家通常都较低,从中国实体经济的利润总额和所有者权益的比率以及从国内研究者的相关研究看,中国维持略高于美的风险溢价也许是可持续的,但要持续获得 10% 以上的风险溢价则难度较大。

同时我们也可以观察,如果没有宏观刺激政策,那么可持续的永续增长率是高于还是低于 6.5%？如果我们假定中国 A 股 15~20 倍的估值是合理的,按 2.5%的无风险利率和 8%~9% 的风险溢价、6.5% 的永续增长率来估算,则 A 股的合理估值应该在 20~25 倍,目前大股票的估值仅在 13 倍左右,那么戈登模型折射出来的含义是,A 股估值给出的中国经济永续增长率可能低至 3%~4%,而不是 6.5%！

从 A 股估值的现状看,如果中期增长能维持在 6.5% 以上,则大股票也许已接近历史底部,小股票仍需如临深渊。同时,大股票的估值现状隐含着明确的预期,即如果你不认为中国实体经济的收益率会维持在 10% 甚至更高水平的话,则中国中长期的经济增速可能比我们预想的要更低。

3. 深改换挡、创新泡沫和剿灭投机者

如果我们看到大股票估值偏低、小股票估值明显偏高、影响估值的决定性因素取决于经济周期,而不是货币周期或其他噪音,那么 A 股为什么从 2015 年的异常波动,沦落到今天的地步? 这种异常波动和成长躁动所带来的估值泡沫从 5000 点大幅下跌直到今天,回溯历史,它告诉了我们 A 股会有怎样的未来?

(1)就大股票的低估值看,股灾本可避免。

其中关键点在于,当市场已经给予中国南车北车极高估值时,启动混合所有制改革的深改迟迟没有挂挡动作。回顾 2004 年前后国有银行的股改上市,当时充斥了对国有股仍占绝对控股地位的银行上市举措的怀疑,甚至有国有银行贱卖论的尖锐批评,但事实上中国银行业的股改上市,仍然在改善银行监管、银行治理结构、透明度和竞争力等诸多领域发挥了重大作用;而 2007 年的国有股减持和央企上市,尤其是中石油等的上市,尽管伤害了投资者,但当年那波牛市对国有股股东十分有利。因此,也许在 2015 年 5—6 月期间,政府在谨慎监管和调控杠杆资金入市浪潮的同时,顺应市场对深改的期盼,迅速对四大银行、"三桶油"以及电信企业等加速深改,将高于 66.7% 的国有股加速向外资和私营企业减持,并在董事会中引入 3~4 名外资和民资股权董事,能逆转 A 股股票供求关系并推动 A 股实现软着陆。

(2)就小股票的高估值看,折射出"双创"的含金量的高低。

在中国,真正的创新是如此稀缺,创新环境是如此艰难,因此对小股票给出较高估值十分自然。但创新的稀缺一定同时隐含着泡沫的泛滥。从行业结构看,消费行业、TMT 行业以及医药行业这三大行业就占据了 A 股市值的约 40%,可见中

国股票投资者对成长的强烈偏好。目前困扰小股票的典型问题是泡沫多过创新、欺诈多过诚信。我们可以看一下在小股票市场的两类流行现象，来观察其中的泡沫和欺诈。

一种做法是高估值圈钱。例如一些创业板公司可能对于 2015 年利润仅 1 亿元的影视娱乐子公司，大胆承诺未来 3 年利润分别为 5 亿～8 亿元，并承诺如果达不到利润预期，上市公司将对不足部分予以全额补贴。然后将该子公司估值为 80 亿元展开融资。这是创新，是一种庞氏骗局式的创新。庞氏骗局圈钱是未来终究需要归还的债务融资，以上估值欺诈型融资是无偿还之忧的股权融资。只要能圈到 80 亿元，未来影视娱乐子公司利润若不能从 1 亿飙升到 5 亿～8 亿元，所谓利润承诺也仅仅是从 80 亿元中回吐 15 亿～24 亿元，仅此而已。

另外一种做法是中概股的回流。其核心也在于估值，通常在美国二级市场正常估值为 10～15 倍的中概股，在 A 股以 20 倍左右的市盈率发行，是远远不足以驱动其回流的，中概股回流一定伴随着其对在 A 股一二级市场市盈率分别约 40 倍和 80 倍的超高估值预期。目前小股票跨境、跨界、跨期的估值游戏层出不穷，已经偏离了"双创"的主旨。

让我们回到经济周期决定资产价格周期的根本规律，无论小股票如何"花样"创新，如果股权融资所指向的基础资产缺乏足够的可持续的盈利能力，那么这种"花样"就是泡沫。

大股票低估值折射出对经济周期回升和深改预期的弱化；小股票高估值折射出缺乏诚信的泡沫欺诈，这些都足以逐渐剿灭 A 股的投机者。其可能的趋势是 A 股交易量的持续下滑，这在小股票上表现得可能更为突出。

目前沪市交易额的 80% 以上是个人投资者贡献的，在深市这个比率可能更高。目前年交易换手率方面，股票以及偏股型机构投资者约 4 次，个人投资者则达 14 次。比任何投资者教育都更有效的市场教育只能是，让基于欺诈泡沫的一二级市场投机者在频繁投机换手中不断损失本金，小股票估值中枢和交易量不断下行，最终市场逐步挤出新型庞氏骗局泡沫。

4. 短期喘息、噪音事件和中期等待

讨论到这里,我们可以来概括一下:第一,如果使用比季度更长的低频的时序数据,需要承认,经济周期决定牛熊市,公司业绩决定股价;第二,财政和货币周期可以打乱经济周期和资产价格周期之间的关系,但宏观政策不创造财富,只是在瓜分甚至侵蚀财富;第三,如果经济增长不再下平台,大股票看起来估值合理,估值折射出对经济周期、深改和公司业绩的中长期预期不佳;第四,小股票看起来估值含有泡沫和欺诈,任何脱离基础资产真实盈利能力的估值故事,都要警惕其是将债务庞氏转换为股权庞氏的骗局;第五,A股确立价值投资和机构投资的前提,是疲弱分化的市场不断剿灭将股票视为筹码的高频赌徒。

短期内,也许我们需要观察公司业绩的波动,一些事件的驱动,然后才能看清形势,耐心等待仍然是必要的。

(1)就短期喘息而言,A股缺乏经济周期支撑时,也会叠加短期业绩波动的支撑。就当下A股的业绩波动而言,主要来自于三个线索。

线索一是PPI的明显改善,公司业绩通常和PPI高度正相关。尽管中国PPI仍延续在50多个月的同比负增长状态,但2015年4月份PPI已从2015年年底的接近-6％回升至-3.5％,我们倾向于认为大宗商品的回暖虽有波折但趋势明朗,这给实体经济的回稳带来了必要基础。

线索二是实体经济的业绩波动,正从和大宗商品相关的行业,向和大消费相关的行业传递。与2015年第四季度时相比,2016年第一季度实体经济的营业收入、利润额和利润率均有改善,2016年以来,A股上市公司80多家股价绝对上升的企业中,2/3和大宗商品相关,1/3和白酒家电等大消费相关。尽管中国螺纹钢价格的剧烈波动让人困惑,但我们并不怀疑大宗商品在波动中弱势回升的趋势。因此短期喘息意味着业绩改善的短波有可能从商品向消费传递,从而会给食品、旅游、航空、酒店等行业带来机会。

线索三是如何看待房地产市场的回升。我们的判断是，只要不出现和房地产去库存背道而驰的政策，那么中国地产三年涨五年平十年落，2016年全年将维持销售好、投资不好，住宅好、非住宅不好，一二线城市好、三四线城市不好的局势。这对实体经济下滑获得喘息也十分重要。

（2）就事件驱动而言，会有一些并购借壳、中概股回归、A股纳入摩根士丹利资本国际指数（MSCI）、深港通之类的事件影响，但必须承认，A股对这些事件冲击的表现都是半衰期非常短的快速遗忘，这些噪音不具备影响市场趋势的可能性，甚至制造市场短期波动的能力也远逊色于公司业绩波动。MSCI的故事也仅仅意味着，最快要到2017年下半年，海外被动型资金配置才有可能向A股注入数百亿美元资金，仅相当于A股两三个小时的交易额而已。至于深港通有何影响，不妨回顾沪港通当年开通的经历，大致就可以猜测。

至此，我们的结论是：

（1）经济周期不见底，A股估值无所谓底，估值的根本在于公司业绩，公司业绩取决于经济周期。

（2）刺激政策只在中短期有效，使经济周期和资产价格周期短期失联。宏观调控从来不能改变经济周期，甚至能否熨平经济周期都令人怀疑。

（3）以上证50甚至以沪深300看A股，当下估值和次贷危机后的低点已持平。但这种比较需正视两点不同：一是2008—2010年中国经济增速远高于现在，二是大股票始终处于深改预期不断延后弱化之中。

（4）从中小板和创业板的情况看，任何脱离基础资产可信可靠可持续的盈利能力的估值故事，无论以并购还是中概股的名义，都仅仅是"泡沫化"的创新。与此对应的价差型频繁交易者会受到时间的惩罚。

（5）按照戈登模型观察当下估值，折射出两种可能，一种是未来中国投资收益率的持续下降，另一种是中国中长期经济增速低于预期，或者是两者兼而有之。

（6）短期喘息取决于物价回升和事件驱动，业绩短复苏的大消费或有机会，但金融行业在经济周期复苏前主要职责是承揽包袱。我们仍然需要非常有耐心，等待经济周期拐点的降临。

第二次掉进同一条河流

2015年7—8月，中国经历了严重的股灾，政府投入超过2万亿元救市。不足半年，股灾重现。人不能两次掉进同一条河流，为什么监管部门看起来可以两次并极有可能多次掉进股灾之中？

第一，信心脆弱。

人们看到了"十三五"的增长底线，看到了新常态，但看不到底、见不到头，对达成目标的改革手段预期悲观。国内外研究者开始担心中国的债务泡沫、汇率泡沫、楼市泡沫、产能泡沫、金融系统泡沫五泡齐破状况的发生。这种信心脆弱根源在于持续的改革预期差。中国经济面临不可避免但可控型的危机吗？从信心看，人们对可控性产生了怀疑。

第二，汇率贬值。

从2015年8月11日汇改之后，人民币对美元大约贬值了3％～4％，即便贬值到7％，考虑到美元指数从82已经上升到了98，人民币实际有效汇率在当下仍然和市场预期存在差异。从理性角度看，离岸人民币存量仍然相当有限，中国央行设置有CIPS清算系统和离岸账户系统，有雄厚的外汇储备。在人们对汇率十分悲观的情绪下，央行没有减缓情绪或者干预市场的举措，仍进一步推出人民币外汇夜市。央行坚定汇改的意愿和对自身调控能力的高度自信，与市场情绪之间存在强烈反差。这种反差表现在在岸和离岸汇率贴水不断扩大之中。

第三，蹊跷的环境。

新年伊始，人们纷纷意识到 2016 年是黑天鹅翱翔的一年。仅在数周之内，便有不断发酵的沙特和伊朗之争，朝鲜疑似氢弹试验等重大事件。我的一位朋友曾在 2016 年年初的股灾之前明确提醒我，考虑到黄金价格已反弹至 1060 美元/盎司并持续上升，而美元竟然也相对强势①，说明市场避险情绪在急剧上升，A 股可能面临危险。现在看来，2016 年 1 月的股灾充满蹊跷。政府似乎对这次股灾没有准备，当然也就没有预案。

第四，熔断机制。

更糟糕的是，中国竟然有了熔断机制并反复触发。当下的熔断机制既没有改善市场的流动性，也没有向市场注入安抚信息。因此这种熔断机制，可能不如放开涨跌停或者 T＋0 更有效。② 但 2016 年 1 月初股灾的主因，似乎不是熔断机制。

第五，监管是否专业。

和工信部、商务部等其他以实体企业为微观主体支撑的政府部门不同，金融行业尤其是证券行业的官员需要相当强的专业性和市场经验。上次股灾之前，动因很可能是监管部门对清理场内外的融资盘过于粗鲁，没有预料到后果；上次股灾之后，后果则是救市的笨拙让市场对监管层的能力十分担心。这种非专业性在这次股灾中同样重复暴露，例如禁售股如何减持，本应有充分时间形成预案并在元旦之前发布，以便于让市场有所准备，例如注册制在何种条件下可以推行？ 也许是不够专业，也许是更高层对推动股市回归常态化的步伐推进得过快，总体上在这次股灾之前，可做的预案似乎未做，首次熔断之后，可做的善后也没有做，迄今情况仍然如此。

上述因素交错重叠，使得股灾持续很久。其中最可疑的，是市场对汇率的悲观

---

① 通常黄金价格与美元价格呈负相关关系。——编者注
② T＋0 是国际上普遍使用的一种证券（或期货）交易制度。——编者注

预期,同时我也认为此次股灾十分蹊跷,2016 年 1 月 7 日两次熔断,与其说恐慌蔓延,不如说像是协同行为。

预观后市,有两点猜测:一是目前还没有看到两次掉进同一条河流的当局,在掉进爬出之后有明显的学习和改善危机应对的迹象,因此不排除股市在 2016 年会有随时再度掉进河流的可能性。二是幸运的是,当下 A 股估值泡沫比去年夏天的股灾泡沫要小得多,加之国际经济也不尽如人意,也许这次股灾的损失能略微小一些。但不管怎样,A 股让中国再度成为向国际社会输出金融风险的雷区,同时也当之无愧地成为经济下行进程中,消灭中产阶级的"绞肉机"。

当下对人民币汇率的悲观,本质上是对中国经济是否会陷入危机的恐惧,以及对局部是金融监管专业性不足,整体是新常态,供给侧则是语焉不详的恐惧。在中国政府证明其具有把控和改革经济的能力之前,乐观一些,便是股市仍有泡沫不在左口袋(小票),就在右口袋(大票)的涸辙犹欢的机会,至少还能喘息 1~2 年;悲观一点,便是不断强化的悲观预期和投资者逐渐离场。

在 2016 年,除了金融之外,最大的内部风险,也许并不是煤炭钢铁在"定向爆破"中数千万从业人员如何妥善安置的问题,而是农产品价格持续下跌,有粮难卖贱卖甚至无处可卖的农民群体的不满情绪。

泡沫不在左口袋，就在右口袋

让我们看一下 A 股，也许可以从三个角度理解从 A 股获得利益的方式，即上市公司的盈利能力、估值水平和交易结构。

第一，上市公司的盈利能力，主要表现在每股收益水平（EPS）之上，价值投资者总是选择有持续盈利能力的公司进行投资，并且在公司盈利随经济周期而波动时，并不通过股指期货、个股期权等进行对冲操作。原因在于，公司盈利能力随经济周期的起伏，在根本上无法通过对冲而熨平，反而白白支付了持续对冲交易的成本。华尔街追随芒格、巴菲特多年的著名投资人李录，反复强调了公司持续盈利能力的重要性，以及以对冲操作规避盈利波动的徒劳。

上市公司处理盈利的方式，即是否存在最佳分红政策，耐人寻味。高分红既可被理解为具有充沛的自由现金流，也可被理解为缺乏扩张性的战略投资能力。低分红甚至不分红，可以被理解为资本饥渴，也可被理解为强大的股本扩张能力。因此公司持续盈利能力的高下，比公司如何分配这些盈利重要得多。

但是公司要获得强劲的盈利增长非常艰难，对中国 A 股而言，上市公司整体盈利能力的提升更不易。它取决于持续创新能力及宏观经济基本面的好坏。当下中国规模以上工业企业的利润总额增速为－5％，如果 2016 年运气足够好，企业也许能够因低利率带来的财务成本节约以及因 PPI 改善带来的销售收入改善，使企业利润有轻微改善。但从盈利能力看,这种改善不足以支撑价值投资者对 A 股的热情。

但 A 股投资者有改善公司盈利能力的特殊手段,这些手段包括:收购带盈利的资产并注入,以一次性资产出售来充实盈利,放松实现销售收入的条件,加大盈利的季度波动(业绩弹性)等。但这些手段只是财务技巧,不是创新。总体上观察,A 股培育长期价值投资者的必要土壤尚不充分。

第二,上市公司的估值水平,主要表现在市盈率(PE)和市净率(PB)上。我们必须承认,均值回归永远有效,否则资本市场就不是一个稳定的、收敛的系统。为了证明估值泡沫的合理,人们往往会对流动性持有不切合实际的强烈宽松预期,或者故意夸大盈利增长能力。如果说 2007 年 A 股市场带有整体估值泡沫特性的话,2015 年上半年的 A 股市场则带有结构性估值泡沫的特性。

考虑到市盈率乘以每股盈利再乘以总股本就是公司市值,那么,在公司盈利能力无法持续改善的时候,制造估值泡沫,就成为二级市场投资者唯一可行的牟利手段。其中两种手段非常重要,一种是风格转换,另一种是加杠杆。风格转换,通常是在小票估值泡沫明显之后,看看能否短暂地推高大票的估值,但这种努力通常是失败的。加杠杆是为了使公司市值增长/增量资金净流入的比例足够大,也就是单位资金投入能够尽可能多地推动市值增长。

从理论上看,除非投资者有极其优秀的择时能力,否则杠杆只能加大估值泡沫的波动性,而实证研究表明,中国机构投资者具有较好的资产配置和择股能力,但是择时能力很弱。因此,当下中国 A 股大致呈现结构性估值泡沫膨胀和萎缩交替往复的局面,也就是说,泡沫不在左边口袋,就在右边口袋,关键在于你是否猜中了它在哪个口袋而已。

第三,交易结构,也就是双向开放的多层次资本市场。由盈利能力和估值水平带来的牟利机会如何摆布,取决于交易结构。交易结构包括中国特色的多层次市场,一二级市场的发行交易制度,交易者的准入等。我们不应忽略的是,在整个“十三五”规划期间,中国资本市场的双向开放力度明显增强,A 股指数纳入全球指数,中国股市和全球股市的互动，非居民授资者参与 A 股和中国投资者投资海外股市，都会日益频繁。在 2016 年，中国政府也将加速引导股市异常动荡之后的非常态市场，向注册制、多层次、严监管和以机构投资人为主的常态化市场转化，有利于经济转型的资本市场工具将加速推出，也许战略新兴板、国际板等并不遥远。

由中国 A 股牟利的三因素来看，能实现持续盈利增长的优秀上市公司十分稀缺，这决定了价值投资者在 A 股暂不可行；估值泡沫在左口边袋还是右口边袋的猜口袋游戏，我们已习以为常。猜口袋游戏在 2016 年仍然很重要，但明年投资者想要获得更高利润的关键，在于读懂 A 股交易结构的变迁以及由此带来的更多交易市场、交易标的和交易对手。

债转股:历史、现状及政策局限

当下中国经济步入增长转型的关键时刻,"三去一补一降"成为经济改革的重要内容,如何引导实体经济杠杆率的合理下行至为关键。而其中债转股扮演着重要角色。2016 年 3 月 16 日,李克强总理指出,不管市场发生怎样的波动,我们还是要坚定不移地发展多层次资本市场,而且也可以通过市场化的债转股方式,来逐步降低企业的杠杆率。这指出了当前债转股的主要目的,是帮助企业降低杠杆率,而不是快速处置不良资产;主要特色是债转股的市场化因素,而不是单纯的行政手段。本文拟结合不良资产处置和债转股的历史回顾,对当下中国债转股的可能取向给出政策建议。

第一,债转股和资产管理公司模式及美国储贷危机密切相关。就法律本质而言,政府主导的债转股,大致是一种股权抵偿债权,并进而有可能引发企业重整强制裁定的政府行为。在 1984—1995 年期间,美国的储贷机构(Saving & Loan Association)陆续陷入困境。此时外部监管和救助机构开始介入,其中包括美国联邦存款保险公司(FDIC),联邦储蓄信贷保险公司(FSLIC)以及为解决储贷危机而成立的美国资产重组托管公司(RTC),这些机构大量持有陷入困境的储贷危机的股权,甚至直接接管储贷机构。然后试图对储贷机构进行清理,再出售或者直接令其破产关闭。尽管 FDIC、RTC 本身就是由经验丰富的律师、会计师和投资银行专家组成，但他们面对储贷机构，并未能通过改善其法人治理而使储贷机构恢复稳健经营，更普遍的例子是，这些实施债转股和集中持有大量不良资产的专门机构，最终在旷日持久的拉锯战中，采取了关闭储贷机构的做法。在长达12年的储贷危机处置进程中，大约有超过1000家储贷机构被关闭，大量储贷机构过失人员早于诉讼并被投入监狱。也许我们可以说，储贷危机中催生的RTC公司，是由联邦政府支持的，专门通过债转股等手段集中处置不良资产的资产管理公司。但对其的评价至今仍有巨大争议。

第二，储贷危机的成因清晰，处置成本高，周期长。当我们回顾储贷危机的成因时，会发现其并没有那么复杂，储贷危机吸收公众存款，主要贷款投向为房地产长期抵押贷款。从20世纪70年代开始，美国实施利率市场化改革，这导致储贷机构存款来源成本急剧上升，但资产端的按揭贷款收益难以调整，这导致储贷机构陷入难以克服的困境。换言之，如果金融机构面临的负债成本较高并且波动性较大，但其资产端中利率固定且久期较长的资产占比过高时，它们陷入经营困境是难以避免的，除非资产端收益或调控性可以调整，或者负债端的成本可以持续下降。在长达12年的储贷危机处置进程中，RTC等资产管理公司尽管十分努力，但不太可能改变储贷机构所面临的宏观经济和经营环境。因此，问题储贷机构涉及的不良资产大约在60000亿美元，最终长期艰难处置所付出的成本，可能明显高于直接买下全部问题资产并予以注销的代价。以FDIC、RTC等主动接管、介入重组、破产清算的主动债转股模式，可能并不优于财务注资、等待型的被动债转股模式，甚至可能不优于联邦政府直接买单模式。在处置储贷危机中，较为意外地推动了MBS市场和REITS的出现。

第三，东亚危机之后，受到危机困扰的东亚经济体也广泛采取了债转股等注资手段，也成立了各种以国家信用为支撑的资产管理公司。但东亚各经济体应对危机的政策差异性很大，各国资产管理公司所扮演的角色也迥异。例如马来西亚在东亚危机中，强化了国有化政策，对金融机构不良资产的定义和处置采取了更宽松的姿态，同时马来西亚不良资产管理公司也并没有采取过于激进的手段去处理不良资产,更多的是在等待经济周期的复苏。总体上,东亚危机后,急切地试图清理不良资产的国家,并不等同于经济复苏快和资产处置效果好的国家,其中悲剧性的例子是印度尼西亚。更戏剧性的是,容忍有毒资产并耐心等候经济复苏的国家,反而可能较早迎来经济复苏,其中马来西亚就是另类的幸运儿。我们很难观察到东亚危机中,各国经济复苏进程和债转股实施方式之间的关联性,经济复苏进程和本国金融体系是否稳定以及货币政策能否维持独立性的关系更大一些。

第四,次贷危机之后的美国债转股模式有了较为明显的变化。在储贷危机阴影飘散后仅 13 年,次贷危机再度袭来。这次美联储担任了危机救助的主角。一个不太确切的概括是,美联储的救助重点集中在三点:一是直接持有大量有毒资产,这些有毒资产基本是由政府支持,或者具有系统重要性意义的金融机构的债权和股权,至今这些有毒资产并没有得到明显的清理处置。二是谨慎评估物价和就业为前提的量化宽松政策和扭曲操作,使市场无风险利率处于接近零的水平。三是关注信用利差和资产价格的波动,央行能够创造的是货币供给,而未必是信用供给,与企业财务稳健性密切相关的中长期企业债的信用状况,以及持续高涨的资产价格都处于美联储的关注之下。当然美联储在宏观审慎政策框架下的地位也不断提升。次贷危机至今,无论是美联储还是基于不良资产救助计划(TARP)的美国财政部,尽管也持有了部分大公司的债权和股权,但这并非传统意义上的国有化,更不是类似储贷危机中的积极参与者,美联储始终没对向受救助的企业派出股权董事,表明其更愿意扮演被动的财务注资者的角色,考虑到次贷危机后,受到政府注资的企业,更接近因危机遭遇暂时困难但仍有市场潜力的企业,因此,谈不上美联储对受救助企业以强制重整影响公司治理。由于美联储尚未对其自身的资产负债表进行收缩,上述救助的最终退出机制仍不清晰。

第五,中国在东亚危机后大约经历了三次与债转股相关的不良资产处置。第一次是在 1999 年,政府将四大商业银行及国家开发银行的约 1.4 万亿元不良资产剥离至四家资产管理公司(Asset Management Company, AMC),采取的是账面价值收购方式,其中包含专项国债所形成的债转股股权。事后一些商业银行抱怨称,四大资产管理公司的不良资产回收率和商业银行直接处置相比，并没有显示出巨大的优越性。第二次是在 2004 年 5 月，中国银行和中国建设银行的不良资产被剥离，其中部分资产并没有像 1999 年那样按账面价值转移，而是由财政部给出一个适宜价格比例，并由资产管理公司之间进行竞标。从事后的结果看，似乎资产管理公司比较认可这种方式，但财政部倾向于认为，在改善资产回收率方面仍有余地。第三次是在 2005 年，中国工商银行 4500 亿元可疑贷款被分为 35 个资产包，按逐包报价原则出售。这提高了资产管理公司处置不良资产的成本和难度，并引发了一些抱怨。经过从上述三轮不良资产处置潮之后，中国四大资产管理公司一度陷入了业务低潮和转型之痛，并在其后的长期摸索中，逐渐形成了今天趋向于全牌照、混业化、集团化和成为公众公司的特征。同时，四大资产管理公司也成为在中国金融体系中，很可能是仅见的，具有处置大规模处于不良状态的基础资产能力的金融机构。而商业银行在处置类似基础资产方面的能力有所弱化。迄今为止，我们很难对中国所经历的债转股和不良资产处置进行具有共识性的评价。

　　第六，从国际比较和中国历程看债转股和不良资产处置，也许有如下值得关注之处：一是金融机构资产质量和盈利能力的顺周期性，决定了无论采取债转股还是其他处置方式，都需要耐心等待经济周期的复苏。以美国为例，目前其经济呈现微弱但持续的复苏，但美联储仍未有大规模启动有毒资产清理和退出的迹象。以中国为例，2005 年中国经济在复苏起点时，银行资产的不良率仍在两位数，而中国经济增速在 2010 年度过拐点之后，直到 2012 年，银行业却达到了资产不良率 0.96% 的最低点。因此，即便选择债转股方式降杠杆，也需要有相当大的耐心来等待经济周期的复苏。在经济困境中清理不良资产可能不是一个恰当的选择。二是尽管债转股可能使金融机构成为问题企业的重要股东，但看起来金融机构本身并不是"企业医生"，它们作为积极股东的努力介入的效果可能不显著，债转股不应成为重整强制裁定机制的序曲。即便我们将债转股的企业定义为有潜在价值但暂时遭遇市场困难的企业，并且把相关银行债权定义为潜在不良债权而非现实不良，但问题企业的康复之路仍然高度不确定。问题企业之所以陷入困境，更多的原因是宏观经济气候,行业境遇困窘等宏观和中观因素,而改善公司治理则仍属于微观因素。美国从大萧条危机到储贷危机,再到次贷危机中,政府救助更多扮演的似乎是注资、监督和防范系统性风险的财务投资人角色,而不是积极的股东角色,救助本身也不意味着国有化。三是在债转股中,市场化取向永远是积极因素,而非可有可无。其中资产回收率是衡量市场化程度的关键指标。一些人认为,这个指标似乎并不重要,如果政府对被剥离的不良资产所界定的回收率较低,那么溢价部分最终会体现在诸如资产管理公司较好的财务数据上,相反,如果政府期待不良资产回收率较低,则资产管理公司的财务数据就有可能不突出。这种看法值得斟酌。只有政府在强调和关注以资产回收率等一系列市场化指标,并引入竞标制度之后,才能促使资产处理方更谨慎地出价,更积极地进行资产保全和防止债权股权的逃废,更具进取心地和地方政府和问题企业斡旋,更关注成本提高效率地执行处置过程。否则,国有银行或资产管理公司可能会对不良处置压力不足,约束不足并进而导致处置能力不足。而当下债转股是银行成为股东还是资产管理公司成为承接股东,或者两者兼顾,是以债权原值向外剥离,还是按一定的回收比例向外剥离,尚不清晰(这也就意味着债转股的资产贬损的最终承担者的不确定性)。四是地方政府所扮演的角色和司法体系的有效性,在很大程度上决定着债转股等不良资产处置的成败。不良资产如何定义和处置,必然涉及企业、金融机构、中央和地方政府等多主体的利益博弈,地方政府在此进程中扮演的角色具有多面性和易变性,司法体系的有效性也受到较大考验,在面临一些牵涉面错综复杂的债转股处置等问题时,巡回法庭也许是必要的选项之一。

第七,无论中外,中国过往和现在的债转股实践有何异同,债转股的局限性始终是显而易见的。美国从 20 世纪 80 年代以来政府处置不良资产的努力,并没有从问题企业中培育出代表未来美国经济创新方向的企业。中国可能也很难例外。以中国历次的债转股历程看,包括鞍钢、武钢、首钢等钢铁企业,以及有色、汽车制造等行业在内的国有企业,都曾受到债转股的支撑,这并没有改变这些行业本身的运行轨迹。困境中的东北特钢集团也许是一个浓缩样本。以当下被实施债转股的熔盛重工为例，一个所有者权益为负，在过去两年亏损逾百亿元的企业，很难判定其经营困境是暂时的还是漫长的，通过向债权人以置换债权的方式定向发行股票，使得银行等债权人究竟是获得了权益还是背负了包袱？也许在不利情况下，这些股权需要进一步转移到政策性金融机构甚至央行，并最终由全体纳税人终极买单。债转股带来的地方政府、金融机构和企业之间的利益博弈将十分复杂，同时债转股也很可能带来债转股企业以及未得到债转股照顾的企业之间，竞争环境的扭曲化等一系列更为棘手的问题。

第八，当下债转股和1999年之后的历次债转股的政策目标、背景和路径存在明显的差异性。一是政策目标不同，以往的债转股主要目标指向为化解不良资产，而当下则为降低杠杆。其中主要是为实体经济降杠杆，而政府部门、住户部门和银行体系可能面临一定程度的加杠杆压力。尽管中国经济的总债务/GDP比例为217%，和全球主要经济体相比不算高，但非金融之外企业部门的总债务/GDP比例在123%，比美国、德国的约60%，俄罗斯、印度、巴西的约40%要高得多。如果将60%作为一个可以容忍的企业债务负债率，那么中国实体经济需要降杠杆的总规模差不多相当于GDP的60%以上，这无疑是1万亿元债转股无法独挑大梁的。二是债转股必须考虑金融体系，尤其是银行的承受力。维系银行体系必要的盈利空间是非常关键的因素，目前中国银行业已面临资产风险收益率滑坡和负债端成本居高不下的压力。对《中华人民共和国商业银行法》第43条的突破，仍应在谨慎范围之内，对金融机构积极采用《中华人民共和国企业破产法》之87条推动企业重整则更应审慎，微观法人治理结构的改善，并不意味着宏观和行业状况的改善。三是逆周期监管是必要选择。为实体经济降杠杆意味着金融体系必须为之保驾护航，中国银行业目前的资产不良状况，也远远好于1999—2005年，因此对金融机构的监管框架，宜在坚守宏观审慎和不触发系统性风险的前提下，适当关注逆周期监管的余地。四是作为降杠杆执行主体的银行和资产管理公司深化混合所有制改革的余地颇大。国际上系统重要性银行的股权结构相对分散，第一大股东的持股比例通常在6%~8%，而中国大型银行和四大资产管理公司的国有持股比例较高，有引入非国有股东,强化外源性融资的较大余地,这对防范金融机构本身杠杆率上升的压力有所裨益。五是问题企业的宏观环境和 2005 年之前大为不同,其中较为突出的是,2005 年之前,处置不良资产最棘手的是职工安置问题,事后扮演重要角色的是不良资产中以土地为基础资产的巨幅升值问题。当下尽管社会保障体系的兜底能力明显强化,但员工安置的难度仍大,同时,全国性的房地产去库存问题,也使问题资产中不动产前景明显具有不确定性。这意味着降杠杆之后的不良处置环境较 1999—2005 年更加复杂,或者说债转股等不良资产处置进程更艰难,回收率面临更大考验,需要政府注资的压力也更严峻。六是央行在债转股中扮演的角色令人关注。次贷危机以来,美联储扮演了持有和封闭不良资产的主角,迄今仍无清晰的退出途径。在未来债转股进程中,如果商业银行逆周期监管空间明显收窄时,央行如何协同银行体系共同努力,为实体经济降杠杆,也是值得进一步思考的。

"深 V"或"露点"——风格艰难转折的时刻

今年券商的研究报告非常活泼,要么如漫画,要么如章回体小说,要么生造大量作者自己才能懂得的新鲜词汇,迫使我们也不得不放下严肃的陈述,改用相对轻松的方式叙事。目前 A 股市场的振荡,可能隐含着市场风格艰难转变的味道。

1. 欧美债市:一生一次的做空机会

现在看来,欧美的债市所承受的压力是长期的,根源在于:一是量宽政策终究是要逐渐退出市场的,美联储和其他央行都只可能走向加息之路,再降息几乎是难以想象的;二是量宽政策的显著加码是不太可能的,终究要走向退潮;三是长期通缩的机会不大。因此大致上可以判断,除非欧美经济出现二次探底的极端情况,否则债市走向熊市在所难免。

考虑到市场已经隐含了这一判断,因此美债利率已持续温和上升。估计到2016 年第四季度,美联储加息与否不再进退两难,而是进退自如。现在是市场引导美联储,而不再是联储走在曲线前头了。

2. 似曾相识：2007 年和 2015 年语系的比较

2015 年，有许多流行的说法，例如：中国经济正在艰难转型，转型不成，牛市不止；这次牛市要塑造世界级的中国创新企业；中国股市肩负重大历史使命，例如支持创新；中国处于一个伟大的历史时刻，G2 呼之欲出；中国居民财富正在经历从地产向权益的重大配置转折，将要迎来建国 70 周年和大阅兵云云。

这些话似乎都曾在 2007 年听说过。如果做一一对比，2007 年时的表述大概是这样的：中国经济已走过了艰难的转型，国企和金融转型的成功奠定了牛市的坚实基础；这次牛市要塑造进入世界前 500 强的世界级中国企业；中国股市肩负国有股减持充实社保的重大使命；中国处于超越德国，即将超越日本的伟大时刻；中国居民财富正在经历从银行储蓄向权益的重大配置转折。

这些说法都似曾相识。投资者说，万点不是梦；基金经理说，认购太踊跃，1 天募满 300 亿元了；月化收益率超过 10% 的伟大基金不断涌现。这些奇怪的话语并非由业余投资者在茶余饭后提出，而是职业投资者的雄心万丈。

其实，所有牛市都仅仅是流动性在边际上突然泛滥的意料之果。央行总是最重要的决定性推手。神话和“神人”辈出的时候，我们就需要小心了，历史没有太多的例外和特殊。将月化 10% 的收益率成功维持 20 个月，说明你运气好；将月化收益率 10% 持续维持 20 年，你就可以叫板巴菲特了。

3. “深 V”还是“露点”：风格在艰难转变吗？

近期 A 股每周至少“深 V”一次，却拒绝“露点”，是继续丰满地“深 V”下去，还是暴风雨之下，不想“露点”但最终被迫“裸身”？也许风格在艰难转折。转折取决于被赋予创新含义的成长股和被赋予深化改革含义的大盘股之间，如何和平共处。

创业板之所以从 2013 年下半年开始逐渐得到投资者的认可，一是在于其创新性，二是在于其民营性，三是在于其所需流动性较少。发展到今天，创业板仍作为市场的主流，其基本含义有了很大的变化，一是在于中国经济百哀齐至，创业板被寄托了太多期望；二是在于围绕创业板已形成了利益发起和分享的生态链，这种生态链不可能和国企、和政府勾兑出来。三是机构投资者已沿用它进行了江湖座次的重新排定，现在要通过资本市场颠覆它，十分困难。至少擅长小票点彩者还会有两个短期期待：一是中报能给创业板注入新活力，二是深改仍然晦涩曲折，虚与委蛇。

大盘蓝筹之所以难以成为主战场，不是政府不引导，而是市场太无情。牛市以来，国有股也的确从中获得了 10 万亿元级别的巨大增值，并仍在延续中。但值得期许的、符合党的十八届三中全会纲领的深化改革仍十分罕见。有些大股票可以不以业绩为重，例如军工、环保和安防；有些大股票在神创的衬托下已很便宜或烂无可烂，例如银行、有色金属等。

从来没有任何既得利益阶层愿意与市场分享和做大蛋糕，只有在命悬一线时才不得不向市场投降。当年从清理三角债到国企脱困攻坚战，本意也许不是为股改，而是为国企起死回生的赌博；甚至到后来将央企缩减至 100 家，也是无奈之举。但市场略有好转，从 2005 年至今，国企就重新变本加厉，以至今日之棋局。你可以听见做大做强国有经济、做大做强集体经济、做大做强农村经济云云，但问题的本质是，谁应做小做弱做婢女？你可以听见公司治理要对应和适应党委，但你很清楚地知道，除非两者合并，否则对接就是无解的。

创业板利益生态链太诱惑，大盘深改剧情太沉疴不起，靠小票确立地位的机构投资者不愿退潮；后面大群期待变盘的新生力量和大妈们，如果在浅浅的、敷衍的深化改革中寻找不到合适标的，也可能被迫重回小票高位续做。

常常"深 V"不是好事。它折射出，投资者在 A 股投资风格的转变，主要受制于深化改革语焉不详的罕见而肤浅，其次受制于小票利益链和利益共同体。

4.迷信和谣言：寻求释放压力的贪婪恐惧

目前的市场,既谣言遍地,又极其关注流动性。一些有说服力的研究表明,如果估值和基本面变得不再重要,重要的是谣言和流动性的时候,市场的前景就扑朔迷离了。

你可以看到运动员有许多迷信行为,例如对衣服号码、颜色和一些古怪行为的坚持和重复,你可以看到政客对某一怪力乱神或寺院的偏好,这些都是在过度压力环境下,寻找压力宣泄,强化脆弱的自信心的手段。而这与现在的股市并无二致:各种真假消息,或陈旧或新鲜的谣言,境内"大咖"境外"真神"的神谕,滚滚而来。

你可以看到市场对流动性的极度关注。一些券商报告,为了将下半年流动性的预期对央行和监管层所采取的任何措施解释为极端宽松,都几乎到了胡说八道的单相思程度。需要看到,流动性对牛市很重要,但市场参与者的行为是否具有起码的投机理性更重要。1995年下半年,美联储开始持续加息,1996年格林斯潘提出"非理性繁荣",市场未予理睬地上涨到1999年;2005年中国央行开始逐渐加息,市场在此后两年也未予理睬。

从中国人民银行行长周小川的性格和央行的政策趋向看,厌恶资产价格泡沫几乎是其本能。从周小川在证监会的举措以及2014年10月之前的货币政策看,看不出央行对牛市的偏好。央行的举措更多地是从宏观调控和结构转型的思维入手,恐怕央行既不愿承认新近牛市是其政策所致,也不愿承担未来牛市退去是其政策退潮所致。接下来,官方第二季度的GDP同比增速很难低于7%,否则春节之后这么多宽松政策岂非儿戏?考虑到CPI的小幅回升和外汇占款的温和改善,央行货币宽松的力度也会适当收敛而不是急剧加码;考虑到遍地的IPO、减持和定增,不管真假,经济要见底,流动性要略收,融资要猛增,深化改革要庄严,是必然的。

迷信谣言关注流动性到了几乎神经质的地步,其本质上反映出的是市场浮盈泛滥。大致认可的猜测是,在过去 6 个月,A 股 1 元的资金净流入,大约推动了大约 2.5 元的市值增长。因此你很难在过去 6 个月遇见在股市赔钱的人,如果有,请珍惜这样罕见而可靠的反向指标。洗清浮盈是未定情绪、释放压力的唯一途径。

要让无论已入市者还是未入市者信心不失,也要让已入市场者部分兑现筹码,还要让未入市者看到盈利希望,都需要小票分化中一批公司的"露点",大票升温中少量公司的"丰满"。现在是否已经到了舍弃债券,在股票上,大小票两头下注的时刻呢?

一位基金经理不堪无码"深 V",去求签了,签曰:断舍离。

| 第四章 |

优质资产荒下的地产谋变

L 形还是 U 形？经济增长受制于房地产复苏

按商品房均价粗略计算,2015 年年底我国房地产行业存货价值约 35 万亿元。我们可以据此比较一下房地产和实体经济的体量。截至 2015 年年底,规模以上工业企业总资产和总负债分别约为 100 万亿元和 54 万亿元,所有者权益为 46 万亿元。由此可见,中国房地产本身及所涉及的产业链,金融资产规模量大面广。

楼市去库存大约需要 3 年时间,即会延续至 2019 年,地产投资有所回稳,但很难高涨。

目前人们在讨论 2016 年中国经济增长是 L 形还是 U 形。一些人认为中国经济已经逐渐回稳,精彩纷呈,U 形复苏有望。在我们看来这样的判断显得过于乐观。我们认为第一季度的增长主要取决于三点因素:一是宏观政策尤其是货币政策的支撑;二是房地产的持续复苏;三是政府引领推动基建投资热点重燃。考虑到刺激政策、地产和基建的未来趋势,很可能 2016 年中国经济增长会前高后低,经济运行风险有所加大并向上集中。增长是 L 形还是 U 形,在很大程度上受制于房地产的去库存和复苏是否顺畅。

中国经济增长回稳的最关键因素

当下中国经济回稳的三因素中，地产业扮演着主角。

关于宏观刺激，主要是货币供应明显扩张，第一季度社会融资总额同比额外多增近 2 万亿元，信贷同比额外多增逾 1 万亿元，相信全年货币、财政政策仍将维持宽松，但宽松的边际力度可能会略微收缩。基建投资热潮的回归，在于地方存量债务置换之后，地方可用财力显著改善，基建热情有可能延续，但基建投资增速已经很高，很难更高。因此，今、明两年经济增长能否持续回稳，很大程度上受到房地产业复苏进程的制约。

第一季度其他一些经济变量的改善要么难以预测，要么和房地产复苏密切相关，例如外贸外资全年局势叵测，而工业企业盈利改善，尤其是钢材、水泥、家电、家居等行业的整体改善，既得益于物价回升，更受益于地产行业的改善。因此，房地产大致上决定了经济走势是 L 形还是 U 形。

在"三去一降一补"中，地产稳则风险底线可保不破。

我们可以从三个角度观察房地产行业涉及的金融资产规模：

一是房产是中国居民家庭财富的主要存在方式。有官方媒体的调查显示，截至 2015 年年底，中国城镇和农村居民人均家庭财富分别为 20 万元和 6 万元，其中 2/3 为房产。由此可以推算出，中国居民拥有的房地产总价值约为 120 万亿元。

二是目前房地产行业涉及的融资总额，包括按揭贷款、开发贷款、住房公积金贷款、债务融资等。最为粗略的估算方式是，购房者商贷和公积金贷款约 13 万亿元；按照房地产行业每年开发投资约 9 万亿元、开发商自筹及借入资金可供约 18 年开发测算，则目前涉及的房地产行业融资额大约为 33 万亿元，可见房地产是否稳健在很大程度上决定了中国金融系统的稳定性。

三是目前房地产行业存货涉及的金融风险敞口。如果将中国房地产行业存货规模估计为在建住房面积加上待售面积，扣除单位自建、公用建筑等非商品房建筑,再扣除已售未交付的商品房,则可推算出当下的房地产存货约为48亿～50亿平方米。按商品房均价粗略计算,存货价值约35万亿元。我们可以据此比较一下房地产行业和实体经济的体量。截至2015年年底,规模以上工业企业总资产和总负债分别约为100万亿元和54万亿元,所有者权益为46万亿元。由此可见,中国房地产本身及所涉及产业链,金融资产规模量大而广。

因此,房地产行业是否稳定,直接决定了中国居民家庭财产的状况,以及金融系统当下和未来的状况。而房地产去库存是否顺利,成为经济转型能否获得喘息和突破的关键。

房地产去库存进程可能需要三年

我们需要对中国房地产的大致趋势做出粗略描述。我们认为:第一,商品房库存不是7亿平方米,而是约50亿平方米;第二,楼市去库存大约需要3年时间,即会延续至2019年,地产投资有所回稳,但很难高涨;第三,中国并没有复杂的房地产金融业态,但楼市泡沫破裂必将重创中国金融体系;第四,中期去库存并不意味着中国楼市已到了长期供过于求的拐点,因此地产调控的市场手段和行政政策后手较多。基于这样的理解,我们才能避免在未来以制造更大问题的方式,去解决当下面临的问题。

在此,有一个问题是:如何定义楼市去库存成功了?这很难定义,我们认为,商品房库存等于2年的在建商品房加上3个月的待售商品房,大致可以说是合理的。而每个月可能的去库存量约为1.2亿平方米,如果库存降至33亿平方米,大约可说楼市已正常化。按每年销售14亿平方米、每年新开工不高于10亿平方米推算,中国楼市去库存进程约需3年,到2019年前后基本回到正常库存。

与去产能相比,房地产行业去库存更可行、可信。房地产行业和产能过剩行业显著的区别在于,几乎所有的产能过剩行业都在过去8年反复受到各种政策扶持和激励,利益纠结盘根错节。而房地产行业则相反,它反复受到政策制约。这使得房地产行业本身具有了相对较强的抵御能力。

影响房地产的市场因素

地产调控的政策后手我们稍后再论,在此我们先观察关键的市场因素:

一是中国城市化率仍然只有55%,人口迁徙仍将延续,同时中国500万人口以上大城市的人口占比不足20%。这和日本在20世纪70年代中后期城市化率高达80%相比,差距还很大。城市移民和农村城市化,其潜力仍将持续释放至少8～10年。

二是城市化率本身的提高会带来地产更新改造需求,以3亿～3.5亿户城市家庭计,即便以年更新率2.5%估算,这块就有高达每年约800万套的住宅需求。在中国大中城市中,建成年代早于1998年的市中心老旧房屋往往是政府或国企的房改房,至少有约50亿平方米,通过行政力量进行老旧房屋拆改的可能性依然存在。

三是需要谨慎区分地产泡沫和地产金融泡沫。造成楼市大问题的,往往并不是房屋本身,而是贪婪的金融。以次贷危机至今的美国为例,美国房价大致已重新创下历史新高,供求出现紧平衡;但美联储所持有的以及金融体系中尚存在的地产金融有毒资产仍没有得到清理。美国地产行业基本是健康的,但地产金融仍不太健康。

中国的情况可能与此相反,即中国存在房地产中短期供求问题,但并不存在过度衍生、复杂和蔓延的地产金融有毒资产问题。目前中国住房按揭贷款占居民可支配收入约30%,从首付比率、按揭率、按揭不良率等多种指标观察,中国住房按揭贷款的安全边际仍相当大。同时,地产开发贷款的收益率和不良率,也明显好于对工业和小微企业的信贷。如果中国能成功地化解楼市库存,那么地产金融就不至于成为棘手的问题。看起来,如果中国经济和居民收入没有显著恶化的话,中国楼市维持微增的去库存化速率,并在未来几年形成去库存的市场力量,仍然很有可能。

地产调控需要政策定力

总体上看,中国房地产的后续调控手段,无论是市场化还是行政化的手段都相对丰富。随着楼市的温和复苏,打断这种复苏的是越来越大的噪音,而几乎所有试图直接控制价格的行政调控都是伪调控。

从煤炭、钢铁行业艰难的去产能进程以及有限的政策后手,人们联想到了中国房地产行业。其实地产和实业的差别还是很大的:(1)地产无所谓产能问题,只有库存问题,产能问题是建筑商的事情;(2)地产商的资产无所谓专用性的问题,厂房、机器设备因其高度的专用性和技术折旧,使其处置非常棘手,而房屋大致没有这种特性;(3)地产开发商中的国企占比相对较低,开发商总体上仅仅是个总包商,从业人员不多且流动性巨大。地产危机的冲击主要还是金融财政问题,而不是产能或从业问题。

楼市去库存必须伴随房价的稳定甚至上升,房地产天然具有功能性和投资性,很难想象楼市去库存能在房价不断下降的背景下顺利推进。

和实体经济相比,地产的政策调控后手还算宽裕。目前已采取的手段包括:"十三五"期间不再有保障房建设套数的硬指标、放松限购限贷、降低商贷和公积金门槛等。我们不难观察到可能采取的政策后手:

一是组建国家住房银行,可将全国各地的公积金中心整合起来,模仿美国房地美、房利美模式,为普通住宅和保障房销售提供政府担保和优惠贷款。

二是对商业贷款的利息负担,部分抵扣个税;或者调降契税、存量房交易税费等。还有资产证券化和直接融资等地产金融手段的不断创新,也是可选项。

三是保障房部分扩大货币化补偿安置,其中可用"房票"模式减轻地方政府货币补偿压力,同时增加实际拆迁安置的住房需求。所谓"房票",是地方政府发放的仅可供拆迁户购买房屋时使用的现金替代券。考虑到2015年全国货币补偿安置达150万户,因此"房票"举措可以和现有拆迁安置、未来农民市民化进程结合使用。

四是按揭贷款证券化等金融手段,以及将以房养老和异地养老结合,鼓励一二线城市的老龄人口回流故乡养老等。

由于1998年以来中国房地产调控以非市场化手段为主，所以幸运地为今后的政策调控留下了不少后手。笔者认为当下的房地产政策基调，必须始终服从于去库存的宗旨，防范因噪音不断而产生政策摇摆。

楼市稳定复苏影响深远

让我们重新回到问题的主旨：

一是在中国经济探底进程中，去产能和去杠杆几乎是一枚硬币的两面，中国企业本不应过度使用杠杆来获得更大收益。市场化的去产能方式，需要逼迫过度负债和盈利能力难以改善的企业出局，而不是让政府或者居民出钱来分担本应由企业股东承担的过失责任。目前的去产能政策，在更大程度上是杠杆风险向政府和金融系统的分摊。

二是如果没有楼市的复苏从销售向投资的逐渐传递，2016年年初以来的消费和投资可能都很难维持在两位数以上的增速。楼市已显示出其很强的产业带动能力，并且去库存本身并非以制造长期问题来解决中短期问题。

三是全球经济复苏的疲弱，给中国外贸带来了巨大压力。当下中美、中欧之间的贸易失衡局势严峻，这使得中国出口局势和汇率政策的压力持续上升。

四是中国楼市的问题有可能通过市场和行政手段逐步解决，并为中国经济转型奠定一个相对稳健的氛围。这一政策选项，明显好于地方政府重启遍地开花的基建投资。同时楼市去库存政策也已成为疏浚货币政策的重要手段，使得宽松货币能有效转化为没有明显增加风险的宽松信用。

我们无意否定，中国楼市无论从面积还是从金额看，都很可能已有很大的泡沫，但和处境堪忧的实体经济相比，中国很可能仍具备楼市软着陆的幸运条件。关键在于未来五年的市场和政策。在"三去一降一补"等诸多棘手目标中，楼市去库存仍是最有希望的道路。现在看，中国楼市能否稳定复苏，大致决定了中国经济未来两年的走势是L形还是U形。

房票:一种兼顾去库存和留人口的政策建议

政策观察和研究大约有三种视角:第一种是建设性的政策建议,在拥有调研基础和思考之后,提出使目前困境有所减轻,甚至能使风气为之一新的可行政策建议,但这是十分困难的。第二种是尖锐有效的现状批评,在观察到大量脱离实际、不接地气的做法之后,对相关政策提供不加粉饰的批评,避免我们在错误的方向上滑得更远,这种视角自有其价值。第三种是以歌功颂德为主的政策注脚,上有所好,下必盛行。这种政策注脚几乎在任何情况下都没有实际意义,但却总是无风险有私利的选择。本文未必能提供有效的政策建议,但也许能提供一种观察中国人口迁徙和楼市去库存的可能视角。

目前中国楼市库存问题严重,能否有效去库存可能影响到中国经济和金融是否稳健。按商品房销售面积每年增长约 4%、房屋新开工面积每年递减约 8% 的情况估测,可能需要到 2019 年前后,中国楼市库存状况才能得到根本缓解。如何在去库存的同时,维持城市活力,保障市民工作居住环境的持续改善? 我们建议可以采取房票的做法进行试点尝试。

第一,目前楼市去库存极不均衡。一线城市房价升,库存小。考虑到大城市核心区房屋交易以存量二手房为主,政府无力在核心区提供更多的土地供应和新增商品房供应,因此一线城市核心区的供求失衡矛盾,很难有好的化解途径。同时,三四线城市的楼市仍然低迷,究其根源,在于人口和财富的流动。越来越多的富裕人群、权贵人群、高知高技能人群、冒险进取人群,带着他们的财富、社会资源和远大梦想,涌入一线城市。中国人口流动的趋势,更大程度上似乎不是城镇化,而是超大城市化。大城市的繁华和小城镇的破落并存。

第二,去库存的失衡和人口流动取向密切相关。我们可以观察两个例子,一个悲剧性的例子是东三省,另一个例子是百强县。东三省经济转型艰难是不争的事实,除了产业结构的问题之外,人口持续大量流失可能也是东北经济沉沦的重要原因。以黑龙江为例,在过去五年,该省户籍人口不断减少,仅靠流动人口的增长,勉强维持总人口的低水平平衡。户籍人口的减少和大致相同的常住人口的增加,意味着黑龙江省内精英人口和大量财富流出本省;在补充的流动人口中,如果常住人口没有加速落户的意愿,那么全省人口可能面临净流失的拐点。这将对振兴东北经济带来困扰。

如果说东三省的例子受到较多关注,那么百强县的人口流失则有某种繁华退去的隐秘。中国百强县应该说经济实力超群,居住环境尚好,基础教育和职业培训水平也不弱,大多集中在长三角和珠三角地区。这些百强县人口变动的现状大致是,户籍人口约 100 万人,常住人口约 10 万～50 万人,城市化率普遍高于 70%,绝大多数百强县的人口变动是:户籍人口主要依赖农民进城的翻牌人口而略有增加,但加上常住人口之后,百强县呈人口微增或不增的状况。放大到江苏的地级市,例如无锡、南通、常州等,大致的人口流动结构是:每年流失高考生源数万人,同时省内流入该城市的人口略微多于高考生。这种人口总数不变、结构改变也有潜在风险,毕竟百强县流失出去的是本县的富有知识和创新的年轻人,流入的则是技能偏弱的省内农民。也许我们可以说,无论是黑龙江还是百强县,都可能因为持续流失财富和人口,使得城市的未来堪忧。

第三,在一个不断流失财富和人口的城市,无法有效推动经济结构转型和楼市去库存。即便三四线城市房价不涨,但面对的只是春节偶尔热闹、平时冷清的商业氛围,以及本地居民收入增长的持续放缓,房价不涨也贵。在我们看来,如果一个城市能够留住年轻人,才能留得住城市的未来生命。在此设想下,以房票推动兼顾楼市去库存和留人才,也许是一种政策选择。所谓房票,是指地方政府发行的,以地方财政为信用背书的,记名的行政辖区内商品房购房现金抵用券。也就是说,特定的购房者如果持有一定金额的记名房票,就可以在某市县在售的商品房选择任意户型购房,房票可足额抵扣房款。开发商收取房票后,承担兑现房票义务的是地方政府。当然,地方政府的信用有时候也不是成色十足。

第四,享受房票的人群,大致可以分为三类:第一类是地方政府想要招揽的本地高考精英,他们学成之后如能回到家乡效力,就能享受到房票待遇。另外就是地方政府需要的技术型人才,其中可能包含部分被大企业分流或提前退休,但仍然年富力强的人才。如果这些人能和地方企业签订长期用工合同,则可领取地方政府的相应房票。第二类是已在地方居住的常住人口,包括已符合积分入户和有可能符合积分入户的年轻人,主要是外来工商小业主、技术蓝领等。第三类是原来保障房、棚户区改造所覆盖的居民人群以及为新型城镇化所覆盖的农民群体,地方政府可以综合运用现金补偿、房票补偿和社会保障等手段,吸引外来人口进入和农民的市民化。由于房票是记名的,和持有者的本地劳务雇用合同相关,因此它在很大程度上可以吸引本地人才回流,吸引外地人才落户,吸引本地农民持续融入社会。如果本地较好的商品房售价为 100 万元,而地方政府招募的人才或特定居民持有与五年工作合同相对应的 80 万元房票的话,则意味着这个人在本地购房,只需支付20 万元,其余 80 万元由房票抵扣,也就相当于地方政府为留住此人,提供了接近每年 16 万元的购房补贴。

第五,地方政府怎样算清房票账? 首先,所谓在售价格 100 万元的商品房,真实成本并不高。我们估计,在绝大多数情况下,这些商品房的设计、建筑安装和景观等成本可能在 20 万元左右,这些商品房的土地出让价可能也在 20 万～25 万元,而其实地方政府真正用于商品房土地整理的成本可能明显更低。因此,或许有些不恰当地说,一套只含建安和土地整理成本的"免税费"商品房的真实成本,大约只有 30 万～40 万元。考虑到土地税费地方政府早已收取,即便给予开发商合理利润，政府发行记名房票的实际财务成本并没有那么高。其次，地方政府对享有房票的人群，可以从城市未来、商业利益和政策义务多角度衡量，吸引外来人才长期居住是商业利益，完成常住人口市民化和推动农民进城融入城市生活是政策义务。失去了适度集聚、持续稳定的高素质人口，一个城市也就失去了未来。相反，如果能因房票而留住人才，也许能推动地方从就业、创业到商业氛围的逐渐繁荣。再者，地方财政向开发商兑现房票可以有多种综合手段，如果适当借助金融工具，房票对地方财政的资金压力，比单纯的货币化补偿要小得多。同时由于使用房票购房之后的商品房并不能随着享受者的违约离开而离开，因此，地方政府在房票持有者完成其约定义务之前，对房屋产权具有较好的限制流动权利。由于持有房票者是按照自己的喜好购置房屋，很大程度上也解决了人才集中引进、保障房集中安置等行政"集中"色彩所带来的社群融合问题。

房票政策是否行得通？也许还需要仔细斟酌，将预案设想得更充分细致一些。房票设计的初衷，在于引导人口和财富新的流动格局，从而逐步缓解中国日益严重的超大城市病，使楼市去库存相对均衡，也使区域经济的增长因人口和财富的再配置，而具有某种解决的可能性。如果按现有的人口迁徙轨迹继续移动，超大繁华的都市背后，可能是广大凋敝的中小城市。

楼市去库存：若担心场外配资，何妨半卖半送？

近期中国楼市纷争较多，面对一线城市房价的快速上涨，人们将愤怒对准了一个新词汇，即中国楼市的"场外配资"问题。而三四线城市去库存化和房价的不振，则又让人们看清中国楼市的极度分化。这场"一半是海水，一半是火焰"的格局，该如何解读？

本文想要说清两件事情：一是楼市的场外配资到底有哪些玩家和玩法？二是如果三四线城市去库存化不理想，那么这些卖不掉的房子，不妨就半卖半送给老百姓吧！

最近房地产中介都比较紧张，甚至在全国"两会"上，央行领导都谈及了楼市场外配资并指出一些业务属于违法行为。场外配资这个词汇让人谈虎色变的主要原因在于股市，2015 年 7 月之前，A 股配资业务风起云涌，随之而来的配资强清是股灾的重要诱因。人们自然担心当下，是否是楼市配资导致了一线城市房价的飙升，以及如果清理配资的话，那么楼市是否会重复股市曾经发生的剧烈动荡？

为了说清楚楼市场外配资，我们也许需要知道四大玩家和三大玩法。四大玩家依次是平安好房、链家集团、搜房金融和世联地产。根据公开信息披露估算，在场外配资规模上，平安好房的规模在万亿元，主要业务在深圳和上海；链家集团和搜房金融的配资规模各约百亿元，主要业务在北京和上海；世联地产的配资规模可能在 50 亿元以下，业务仅为新房，但市场相对分散。当然，其他中介机构也有可能尝试和金融机构或者和 P2P 公司联手介入楼市配资，但目前为止，楼市配资的大玩家主要是以上四家。中国楼市配资的三大玩法，主要是集中在首付贷、过桥贷和赎楼贷三类，上述三类业务在各配资金融机构或者中介的说法不同，但业务本质大同小异。让我们分别看看这三大玩法如何进行操作。

所谓首付贷，是在购房者凑不足高额的首付时，配资机构进行适当的配资支持。比方说，在深圳有人欲购一套 800 万元的住宅，在目前楼市新政之前，购房者很可能需要支付相当于房价款 40%～50% 的高额首付，这对大多数购房者而言有些吃力。这时配资机构介入，通常是购房者支付总房款的 20%，余下的部分由配资机构支持，这样看来，在深沪的首付配资单笔金额可能在 200 万～300 万元。购房者掏出 20% 首付，加上配资机构的 20%～30% 的配资，大致可以凑足所需要的购房首付款，完成购房签约。看起来首付贷确实突破了首付比例的限制，给购房者大幅度强化了购房杠杆。但是，需要关注的细节是：第一，首付贷的高潮出现在楼市新政之前，当下楼市新政之后购房者的首付比例最低降至 25% 且八五折利率成为常态，因此相比老政策下近乎惩罚性的高首付限制，当下购房者对首付贷的需求显著降温。房价的飙升出现在首付贷退潮之后而非之前。第二，配资中介为了控制首付贷的风险，往往会将偿还全部配资贷款的风险点，设置在购房者和开发商实际交付房屋之前，或者最迟设置在购房者获得房屋产权证之前，也就是说，配资中介高收益的实现，依赖开发商降低而非提高对购房者的购房优惠折扣，同时融资中介风险控制的实现，则依赖开发商和购房者发生房屋所有权转移之前。因此，通常首付贷期限不会超过 2 年，最迟还款期限不会晚于购房者获得产权证，否则配资中介无法保证资金安全。平安好房的首付贷业务被称为"好房贷"，据说截至 2015 年年底，实际配资约万亿元，有 3.6 万个购房者平均使用了每笔约 280 万元的首付贷款，似乎没有暴露出显著的贷款不良问题。第三，首付贷和一线城市房价上涨之间是否存在密切关系？这很难判定，如果说平安好房在深圳的首付配资导致了深圳新房价格暴涨，为什么在平安好房市场份额很有限的其他城市也出现了房价上涨？

为什么首付配资业务已因楼市新政而显著回落时,房价仍然在分化中上涨?从全国商品房屋销售金额和按揭贷款余额的变动看,首付贷可能对房价涨跌不至于有那么大的力量。

需要指出的是,由于平安好房本身有对接金融机构的能力,使其和其他三家玩家相比鹤立鸡群,其他三家配资机构的配资规模大多在百亿元以内。

所谓过桥贷,是指在同一家地产中介内,买房者甲看中了售房者乙的房屋,但是乙的房屋有未偿还的按揭贷款,在还款之前无法解除房屋抵押,也无法交易过户。如果甲不愿承担垫资风险,乙又无力独立还清未偿贷款,则这笔房屋买卖交易将无法达成。此时配资中介出现,提供过桥贷,这个过桥贷提供给乙方帮助其还贷解押,然后将房屋交易过户给甲。因此,这是在交易环境不涉及加杠杆的、对乙方的过桥。这种过桥贷在西方国家没有必要出现,银行只需要对甲、乙双方提供简单的转按揭服务即可,但在缺乏此类简单金融服务的中国,在甲、乙双方缺乏相互信任机制的大背景下,过桥贷才应运而生。此类业务通常属于不超过2个月的短期过桥,售房者往往会在向亲友借款还贷售房和向配资中介申请过桥之间进行权衡。目前从事此类业务的主要玩家是链家集团和搜房金融,平安好房和世联地产以新房的首付贷业务为主,当然平安好房也有e房贷等类似业务,但规模有限。

所谓赎楼贷,和过桥贷比较类似,在同一家地产中介,买房者甲和售房者乙是同一个人,也就是说,有人委托了中介,出售其已有房产,并试图买入另一房产。本质上此人是改善型购房者。但此人如果不出售房屋,便无力购入更喜欢的另一套房屋。此时配资中介提供赎楼贷,垫资帮助此人对欲售房还贷解押出售,并帮助此人利用售房资金购入其中意的另一房产。从交易本质而言,过桥贷和赎楼贷其实是同一种业务。但为控制风险,配资机构往往只对独家委托售房者提供赎楼贷。

因此在三种楼市配资中,真正加杠杆的是首付贷,另外两类是交易过桥类短期融资。后两类配资规模相当有限,原因在于无论是链家还是搜房,自身都不是金融机构,只能运用自有资金,或者通过对接P2P平台的短期理财产品,提供相应配资服务。

　　了解四大玩家和三大玩法之后，我们不难发现，所谓楼市配资和股市配资类似云云，乃属妄言。第一，导致 A 股动荡的配资，是银行、券商、信托、保险等金融机构广泛介入的结果，只有金融机构才有庞大资金，楼市配资除平安好房之外，其他中介不具备这样的资金和通道能力。第二，所谓中国楼市高烧与配资密切相关的说法，是一种臆测，楼市配资大多属于过桥类交易，而加杠杆类的首付贷早已风光不再。如果银行服务到位一些，市场反应快一些，这些过桥服务，银行有能力做得比地产中介更好、更规范。第三，尽管如此，楼市配资也有风险点，这集中在购房者的资金，过桥贷、赎楼贷对接 P2P 理财产品的资金，是不是真正放置在以国有银行为主的托管账户中，楼市配资对接的理财有没有拆细或资金池的问题等。在我看来，关于中国楼市的配资问题，监管层应该介入梳理和规范业务流程，界定合规和违规的边界。

　　中国房地产市场的市场集中度极低，同时中介众多，房屋买卖交易多委托中介，决定了包括场外配资市场在内的交易市场，不太可能形成持续有效的勾结和垄断，而是更容易形成相互的模仿、拆台甚至中害。

　　由此看，中国楼市场外配资，与令人谈虎色变的股市配资不具有可比性。因此无论配资是冷是热，都无法掩盖三四线城市楼市去库存化迟缓的问题。三四线城市的老百姓不是不想买新房，而是买不起。大招是：既然卖不掉商品房，就不如索性半卖半送吧！

　　怎样操作半卖半送？大致可以针对两类人群：一类是有知识、有技能的年轻人群体；另外一类是想进城、能谋生的农民群体。提出这种设想的基本逻辑，在于中国房价苦乐不均的根源，是城市发展的极度失衡，目前中国有人口净流入的城市不超过 20 个，甚至连无锡、常州、南通这样的宜居城市，也出现了户籍人口减少、常住人口停滞的现象。我也没有观察到百强县的任何一个县城出现户籍人口的增加。大城市繁华的背后，是小城市的凋敝，更不用说只有老弱留守的广袤农村。东三省经济不振的重要因素就在于持续的人口净流出。如此格局，不可能不导致一二线房价热，三四线市景萧条，甚至百业不旺的矛盾。政府应该大胆做的，就是留住人才、留住财富。

以半卖半送留住年轻人。地方政府可以会同开发商,将房子以半卖半送的方式招揽有知识或者有技能的年轻人,这些人主要是从中小城市不断流失的高考大学生群体,以及进城务工后有一技之长的青年技术工人。地方政府不妨招揽他们回来,例如县城一套100万元的舒适的商品住宅,可以用20万元的价格半卖半送给这一年轻人群体,条件是年轻人需要与县城的政府或企业签署落户以及五年以上工作合约的承诺。如果年轻人没有工作满五年违约离开,比如只待了三年,那么地方政府有权要求年轻人补偿半卖半送中80万元的40%,即32万元。如果地方政府对半卖半送的房屋,会同地方住建部门在年轻人服务期内进行一些交易限制,那么这种半卖半送的风险是可控的。做出这一决策的地方政府需要衡量年轻人可能给地方带来的财富创造、市场繁荣和半卖半送之间的代价。

以半卖半送引导农民进城。对有一定谋生技能,希望进入小城市生活的农民家庭或者地方棚改户,地方政府可以考虑用半卖半送的方式同步进行多项资产置换。地方政府付出的是城市商品房、户籍、社会保障等,棚改户和有意愿进城农民家庭付出的是老旧房或宅基地、承包地,上述操作可以和针对棚改户、进城农民家庭的货币化补偿结合起来操作,例如在半卖半送的同时,部分补偿货币,部分补偿政府信用背书的记名专用购房券等。但如此操作的前提,是尊重农民家庭和棚改家庭的自主意愿。

作为中国经济当下困境的缩影,中国楼市也存在诸多问题。面对问题,少喧闹,少噱头,多琢磨,多创造多方共赢、共渡难关的可能途径,也许更为重要。在一个面临急流险滩的环境中,涣散指责远远比凝聚共担要容易滋生得多。

去库存和留人才：政府艰难的平衡术

近期中国一线城市房价持续上涨，引来一片争议。有人说这是最后的泡沫与疯狂，有人说现在买房投资正当时……各种观点纷纷扰扰，莫衷一是。让我们从三个小故事来看当下围绕楼市的争论和隐喻。

故事之一

有金融人士说，我刚才观察了一只股票，叫上海机场，股价在 28 元左右，流通股约 10 亿股，也就是说，拿出大约 280 亿元，就能成为上海机场这家上市公司的大股东。我回家看了一下自己所在的小区，大约有 2000 多套每套价值千万元的所谓豪宅。我惊讶地发现，这个小区的市值，居然抵得上一个拥有浦东和虹桥两大机场的上海机场集团。简单的比较得出一个结论：我所在的这个占地不足 1 平方公里的小区，居然和占地了得、有庞大建筑群和设备的机场市值相等！上海机场每股净资产为 10 元，净资产收益率为 9%，每年有约 10 亿元的利润。我这个小区每套房屋月租不过 2 万元，全部房屋的租金怎么也到不了 5 个亿！一个优秀的机场集团，估值居然不如这个城市中的一个居民小区。究竟是股票太便宜还是房价太贵？

从这种相对专业的思维模式看，许多人可能低估了中国产业地产的政府补贴，同时高估了商业地产的租金回报。

一是中国在过去十多年的土地出让中,始终是以商品房的土地出让收益,去弥补工业和开发园区的超低地价。对土地用途的限制往往使得土地估值差异性很大。因此就商业机会而言,收购一些一线城市陷入困境的工业地产地块,等待土地变性的机会,也许是可赌之局。

二是上海机场集团是国有企业,A 股动荡不已,既有外部金融动荡的压力,也有内部改革步履艰难的约束。一些国企估值不佳,既折射出投资者对改革前景和股市趋势的情绪,可能也提示了悲观情绪笼罩下的投资机会。

三是对商品房租金收益率的普遍高估。有可靠的实证研究显示,全球主要城市的住宅租金净收益率仅在约 2%,低于产业资本的收益率,更低于金融资本的收益率。作为上述各种纠结和冲突的折中选择,现实生活中,机场集团往往会将候机楼建设得十分庞大,以使候机楼更像是一个商业地产项目,而不仅是停机候机功能本身,机场集团往往也会对发展空港酒店、物流、会展、配套住宅等具有强大热情。

故事之二

房价上涨并不仅仅是中国一线城市的事情,北美楼市也很疯狂。北美主要城市的住宅成交活跃,房屋从挂牌到完成销售通常不会超过一周,可见抢房之凶。温哥华一位官员这样回复因房价飞涨而抱怨更加买不起房的温哥华居民:"我作为官员,年薪大约 10.8 万加币,也买不起温哥华市区的房子,因此只好搬到远郊。可是市政府不能将流入温哥华的财富驱逐出去,更无权限制谁可以买房谁不可以买,毕竟财富流动和人口迁徙是合法自由的。诸位市民抱怨买不起房很正常,因为 2015 年温哥华市民的收入中位数不足 8 万加币。作为政府官员,我无力让诸位市民很快地提高收入水平,高收入是家庭、教育、天赋、勤奋、机遇等多重因素造成的。各位市民,上帝从来也没有赋予我们应该有资格在特定城市居住的权利。"

从官员坦率的应答中,我们可以看出,房价仍然是决定财富流动和人口迁徙的残酷门槛，但政府仍需要完善提供更人性化门槛的能力。一个国际化大城市的扩张极限，只有到了其生活成本之高，已迫使大部分野心勃勃、能力超群的年轻人都望而生畏时，大城市漫无边际的扩张才会逐步收敛。一线城市的房价仅具有榜样作用，并不具有普遍意义。人们很难观察到全球主要城市中任何一个有活力、有前途的城市，其房价是便宜的。人们也很少能观察到当地政府通过有所作为，显著改善了大城市中低收入居民的居住条件。

能否在一个大都市生活下去，确实不应该是上帝或政府赋予的特权。政府努力的目的，总是试图留住财富，留住人才，留住创新活力，这样才留住了一个城市的未来。

故事之三

围绕房价和股价，还存在一个广泛流传的段子，即甲卖掉房子准备筹资投入股市，而乙则是伤痕累累地从股市退出，筹钱来买甲的房子。两人成交并相互了解对方的意图之后，都在表面上祝贺对方投资成功，却又在心中暗暗嘲笑对方愚蠢。

从这个故事中，我们看到了当下资产配置存在的巨大困惑。如果我们总是认为全球经济将陷入二次衰退，同时还将面临更大的通胀压力；如果我们总是悲观预测经济硬着陆的可能性，那么我们的资产配置行为就会产生巨大混乱。从长期看，我们都会死去，因此在短期内不妨乐观一些。至少目前的中国股市比泡沫时期更具有投资价值；同时，中国楼市也并没有到山穷水尽的地步。

相信在未来五年中国楼市去库存的进程中，地方政府会努力留住财富，留住有野心、有能力的年轻人，也许一些地方政府会考虑用半卖半送的方式，去吸引优秀的大学生、农民工精英或者小城镇的殷实之家长久地住下来，专注于创业和工作。我并不怀疑，中国楼市的去库存煎熬，很快就会转换为除少数热点城市之外，大部分城市不惜以房为诱饵，试图留住财富、留住人口的激烈竞争。

楼市热潮怕的是政策左右互搏

中国楼市重新开始大热，一线城市房价快速上涨，越来越多的人开始担心楼市热潮之后，泡沫会不会破灭。在我看来，中国楼市去库存的过程，本身就是诸害相权取其轻的艰难过程，结果必然不是皆大欢喜，而是不得已而为之。从现在看中国楼市未来的三五年，最大的风险不在于价格，而在于调控政策是否会左手打右手，相互掣肘甚至抵消。

2015年，我将对楼市的判断，总结为"三年涨，五年平，十年跌"。我对楼市的预期相对乐观，认为未来三年是卖房而未必是继续投资性买房的好时机。学者的大多数预测其实并不靠谱，我也不例外。在此罗列这种总体判断的基本理由。

一是中国人口增长和迁徙还没有到峰值。通常预期中国人口峰值可能出现于2040年左右。中国人口迁徙也比较剧烈，仅农民工就仍有2.8亿人之多，这决定了对房地产的需求仍然庞大，只是这一群体的住房需求与其支付能力之间是否有落差，需要仔细斟酌。而房地产的峰值通常会比人口峰值提早15～20年来临。从日本整体和东京都市圈的情况看，就是如此。

二是中国城市化率还比较低。无论从城市化还是从城镇化的视角观察，中国农民逐渐向城市城镇集中的趋势，仍然不可避免。在城市化率达到75%之前，楼市通常仍有一定增长余地。较低的城市化率、新型城镇化的推进决定了需求持续释放的可能性。西方国家的楼市泡沫，全部出现在高度城市化之后，而不是之前。

三是中国住房金融形态比较简单。从历史上看，楼市对经济的冲击并不大。除了日本楼市和首尔楼市之外，其实房价在创历史新高之后一蹶不振的例子也很少见，次贷和欧债危机之后，主要国际都市的房价都重新回到了历史新高。真正危害较大的是复杂的房地产金融及其衍生品。但在中国，除了贷款、债券等方式之外，甚至连按揭贷款证券化（MBS）、住房公募基金（REITS）等在中国都不多见。中国楼市高烧，目前房地产金融还不是大问题，这是中外楼市泡沫的重要区别之一。

四是改善型需求逐渐成为主角。从人均住宅套数看，中国城镇居民的房屋存量已足够，但从居住舒适度看，仍然有待改善。目前不少城市居民居住的房屋，建成年代早于1998年，这些老旧房屋的居住舒适性和小区配套十分薄弱。考虑到中国城市已有2.4亿户居民，即便每年的更新率为3%，也意味着年均至少700多万套的需求。如果再考虑到农民进城，我们对需求也许可以更乐观一些。

五是调控政策余地比较大。对实体经济——尤其是产能过剩部门——的调控政策手段其实相对有限，现在只能对病弱的实体经济动手术了。但就楼市而言，以往政策波动性很大，多以抑制性的限购限贷政策为主要手段，这给目前楼市政策从收紧到逐渐放松的转折提供了可能空间。

中国楼市存在去库存和软着陆的较好条件。面对房价高企和民众争议，中国楼市未来最大的风险，并非房地产价格、土地出让或新型城镇化，而在于我们能否意识到，楼市去库存本身是释放经济泡沫、化解地方债务和银行信贷风险的痛苦进程。在这个进程中，需要政府和居民付出代价，其中并不存在能令政府、金融机构和普通民众三者皆大欢喜的解决方案。承受一定的危害、避免系统性的崩盘才是主旨。这格外需要防范政策之间相互冲突，最终背离去库存初衷的一些风险。这些风险包括：

一是继续加大保障房供应和棚户区改造。"十二五"期间，3600万套保障房计划出台。"十三五"期间，不再有保障房数量的硬性规定。总体看，保障房建设和供应的手段有重大改善余地，其主线应该回到"补人头、不补砖头"的思路上来，消化已有库存,不再增加新库存,避免给三四线城市的中低档商品住宅供求带来更大的冲击。

二是房产税政策问题。在中国城市化进程初步完成、税收主动改革框架初步形成之时,房产税最终应该成为地方政府重要的税种。但在目前流动性相对充裕、利率较低之时,是加速去库存的良机,而不是快速推出房产税的政策窗口。当下去库存的进程会带来争议,甚至会激化楼市加大贫富分化的抱怨,即便如此,仍然要考虑到,如果贸然出台房产税政策,恐怕仍将严重冲击楼市去库存节奏,甚至使这一进程逆转。

三是虚虚实实的遗产税试点。目前不少传言说深圳等地可能会试点遗产税,这需要十分慎重。第一,遗产税更适合作为国税来普遍开征,而不是作为地税在个别城市试点,否则,带来的问题会比试图解决的问题更复杂。第二,如果地方试点遗产税,老人对动产(主要是储蓄、债券、股票、信托等)会采取规避税收的手段,最简单的规避手段,是居住在遗产税试点地区的老人借用非试点地区亲戚的身份证件,转移其动产;或者不得不在活着的时候提前将动产转移给子女或亲戚。第三,如果地方试点遗产税,老人的不动产——主要是住宅——很可能不得不提前赠与或者过户给子女,或者索性出售,这将在削弱地产需求同时会放大地产供给,冲击楼市去库存。第四,由于老人无法预测自己确切的死亡年限,再考虑子女亲人在老人活着时可能为规避遗产税而展开的遗产争夺,会提前激发许多社会矛盾,并令老人的晚年生活更为脆弱和不确定。

四是户籍政策改革。如果在未来数年,楼市去库存带来了房价上涨、交易活跃等副作用,从而迫使政策采取收紧户籍政策,而不是继续放松和改善户籍政策,那么带来的负面冲击将持续存在。户籍改革不应由于楼市的走势而迟缓甚至逆转。

对于中国楼市当下的热潮,一些人视其为投机机会,另一些人视其为危险陷阱。不管如何,去库存需要付出巨大代价。理性选择是,至少这个代价不大于楼市崩溃的庞大损失。前车之鉴是中国股市,拔苗助长式的市场透支最终以股市持续异常动荡收场,中国中产阶级可能因股灾而被洗劫了超过 10 万亿元以上的财富。关注中国楼市去库存,需要格外警惕政策的左右互博。

中国房地产:泡沫应该不会溃破

人们在担心中国房地产的巨大泡沫,是会软着陆还是会破裂? 我们认为当下楼市仍然艰难,但房地产不是制造业,其自身的诸多特性,决定了泡沫或许可以在困境中渐渐释放,而不是破裂。

我们认为:(1)楼市库存不是 7 亿平方米而是至少 50 亿平方米;(2)楼市去库存大约需要 3 年,即延续至 2019 年,地产投资持续低迷;(3)楼市涉及约 38 万亿元资金,楼市泡沫破裂必重创中国金融体系;(4)土地财政已不是主要问题;(5)地产调控的政策后手较多;(6)至少在未来 3 年开发商财务表现可称优秀的幸运儿。

1.库存究竟有多少?

现在人们习惯用 7 亿平方米来概括当下的楼市存货,这严重低估了楼市面临的严峻供求失衡。这 7 亿平方米仅是待售面积,即非意愿性存货。如果我们考察商品房在建面积、商品房之外的保障房、公用建筑和单位自建等,那么面积可能超过 80 亿平方米,仅商品房在建和待售就超过 50 亿平方米。

如果仅考虑商品房一项,去库存的压力有多大? 2015 年全年商品房销售大约13 亿平方米,新开工可能还略多于此,因此 2015 年房地产去库存化的进展不大。

考虑到 2015 年在 70 个大中城市中,除东北地区之外,大部分城市的房价同比在上升,因此销售提速困难较大;去库存化唯有缩减新开工和土地购置。因此,在未来 2～3 年,房地产投资维持一10％到零增长,新开工逐渐回落到 10 亿平方米以下是唯一出路。

2.地产金融风险有多大?

涉及房地产金融的存量总体比较巨大,其中包括按揭贷款、开发贷款、住房公积金贷款、债务融资等。可能还应包括少量的境外借款和土地收储整理中心的贷款。最为粗略的估算方式是,购房者商贷和公积金贷款约 13 万亿元;按照房地产每年开发投资约 9 万亿元,开发商自筹及借入资金可供约 18 年开发测算,约 15 万亿元;目前 50 亿平方米存货价值约 10 万亿元,则小计约 25 万亿元。由此看,需求侧的 13 万亿元和供给侧的 25 万亿元,共计约 38 万亿元。也就是说,中国房地产行业的融资额对银行信贷占比大约在 15％～20％,这是个相对较低的估算。目前看,地产金融的总体不良还比较低。

但我们不得不观察到另外两个因素:一是楼市下行的强烈外溢效应;二是楼市下行的存货减值问题。考虑到当代银行的风险管理体系普遍采用抵押贷款,而实体经济的抵押物通常和地产密切相关,因此商品房价格的下跌往往波及实体企业的贷款质量。考虑到房地产在建面积之庞大,因此持续的价格下跌可能会带来存货减值,甚至在建烂尾。

我们认为中国地产金融风险是巨大的,而不是前任银监会负责人所称,即便房价下跌 30％甚至更多也无损银行业稳健。我们不清楚近年金融监管部门是否做过压力测试。我们粗浅地认为,中国金融体系难以承受房价下行 30％的直接和外溢效应。

3. 土地财政是否会崩溃?

许多人担心中国楼市的下行可能使地方政府的土地财政难以为继。从分税制改革之后,地方政府基本失去了主要税源,财源上收,事权下沉。从 2005 年年初开始,土地财政扮演了地方政府重要的新增财源,2013 年中国土地出让收益金达到峰值的接近 4 万亿元,而在 2015 年可能跌至不足 2 万亿元,今后数年随着楼市去库存,土地出让金总额可能继续萎缩。如何衡量这已经和继续失去的每年超过 2 万亿元的土地出让收益给地方财政带来的压力?

我们认为,从目前和"十三五"观察,地方财政最痛苦的因素并不在于土地财政问题。我们需要从多个角度去理解土地财政的冲击。

一是经过近 3 年的财税改革,地方财权变得更弱而不是更强,更依赖中央财政转移支付。从财政支出看,全部财力的 85% 由地方财政支出。因此财政压力并不单纯体现在地方和基层财政,而是更多地向中央财政转移。

二是经过地方存量债务置换之后,地方财政暂时熬过了最艰难的 2014 年,现在情况略好。

三是地方政府的土地出让净收益率并不高,大约在 10%～15%,其基本用商品房开发的土地出让收益,去补贴工业开发园区、棚改和地方配套基建等的支出。表面上看地方政府土地出让收益额大幅缩减了 2 万亿元以上,实际缩减新增可用财力也就每年三四千亿元。

但土地财政的萎缩必然使地方政府对工业、城建、基建项目的地方配套资金能力大大缩减。因此我们粗略的判断是,即便土地出让金在今后三五年持续低迷,也并不是引发财政困难的主要因素。中国财政面临的真正挑战在于碎片化的、缴费率过高的社会保障体系能否经受得住老龄化的冲击。不过土地财政带来开发区凋敝,城建拖沓无力则是必然。

4. 楼市成功去库存的机会有多大？

如何判断楼市去库存是否成功？这很难定义，我们觉得合理的说法是，库存等于 2 年的在建加上 3 个月的待售。而每个月可能的去库存大约为 1.2 亿平方米，如果库存降至 33 亿平方米，大约可说楼市已正常化。按每年销售 14 亿平方米，每年新开工不高于 10 亿平方米推算，中国楼市去库存进程大约需要维持 4 年，到 2019 年前后基本回到正常库存。

达成去库存化取决于市场，也取决于政策。地产调控的政策后手我们稍后再论，在此我们观察关键的市场因素。

一是中国城市化率仍只有 55％，人口迁徙仍将延续，这和日本在 20 世纪 70 年代中后期城市化率已高达 80％的差异性很大。城市移民和农民市场化的大约 2 亿待城市化人口，其潜力仍将持续释放至少 8～10 年。

二是城市化率本身的提高会带来地产更新改造需求，以 3 亿～3.5 亿户城市家庭，即便以年更新率 2.5％估算，这块就有高达每年约 800 万套住宅需求。

三是中国大中城市中，建成年代早于 1998 年的市中心老旧房屋，往往是政府或国企的房改房，至少有约 50 亿平方米，通过行政力量进行老旧房屋拆改的可能性也依然存在。看起来，如果中国经济和居民收入没有显著恶化的话，中国楼市维持微增的去库存化速率，并在未来四年达成去库存的市场力量仍然很有可能。

5. 地产调控政策有后手？

从煤炭钢铁行业艰难的去产能进程以及有限的政策后手，人们联想到了中国房地产行业。其实房地产行业和实业的差别还是很大。

一是地产行业无所谓产能问题，只有库存问题，产能问题是建筑商的事情；

二是地产商的资产无所谓专用性的问题，厂房、机器设备因其高度的专用性和技术折旧,使其处置非常棘手,而房屋大致没有这种特性。

三是开发商的国企占比相对较低,开发商总体上仅仅是个总承包商,从业人员不多且流动性巨大。地产危机的冲击主要还是金融财政问题,而不是产能或从业问题。

和实体经济相比,地产的政策调控后手还算相对宽裕。目前已采取的手段包括了"十三五"期间不再有保障房建设套数的硬指标,放松限购限贷款,降低商贷和公积金门槛等。我们不难观察到可能采取的政策后手。

6. 房企的财务表现如何?

2016 年开始,中国宏观经济变得难以琢磨。要评估实体经济的财务状况是改善还是恶化,变得困难。但是地产行业比较单纯和容易估计一些。中国房地产在鼎盛期的销售利润率超过 20%,目前大约在 10%,但这是开发商努力做大成本,并往往带有高杠杆之后的利润率,开发商资本金收益率应该比毛利率高得多,同时相比制造业可怜的略高于 5% 的净利润率,房地产行业仍然是个幸福的行业。

我们可以从下列主要因素观察开发商的财务表现。

一是财务成本的节约。前文假定开发商供给侧资金总额为 25 万亿元,其中开发商自有资金占 1/3 计,利率每下行 1 个百分点,可每年为开发商节约约 2000 亿元利息支出。

二是销售毛利的提升。2015 年商品房销售价格的温和上升,加上开发建筑成本、税费的平稳,给开发商带来了额外毛利。以全国商品房年销售额 7.5 万亿~8 万亿元,销售价格年均微升 2% 估计,每年多增销售毛利 1600 亿元。

三是销售节奏提速的同时,开发商将继续对土地购置和新开工保持谨慎,这将大幅改善开发企业的现金流状况。如果 2015 年房地产销售利润总额约在 8000 亿~9000 亿元(以销售利润率 10% 计),则财务成本的节约、现金流的改善和销售利润与节奏的提升,可能使开发商至少在未来 3 年呈现利润总额稳中有升、利润率可能更快提升的幸运状态。其中,目前商品房售价超过 1 万元/平方米,年均迁徙流入人口超过百万人的大约 10 个城市的地产形势更好一些。

我们无意否定中国楼市无论从面积还是从金额看,都很可能已是人类有史以来最大的泡沫,但是和凄风苦雨的实体经济相比,中国很可能仍具备引导楼市软着陆的幸运条件。关键在于未来五年的市场和政策。

聪明人买房，懒人买车

导读：2000 年的桑塔纳轿车如今可能已分文不值，而同样经历了 15 年时间洗礼的 60 平方米京沪小房可能价值达 200 万元以上，抵得上一辆跑车的价格。更何况有车和有房给人带来的幸福感，几乎不可比。

当我写下这个标题的时候，许多人心里会不舒服，这是自然的，对这样自作聪明的文章，请谨慎对待。毕竟每个人对待这个世界和财经的方式都有差异。

为什么房子仍然值得购买？所有中国楼市泡沫化的因素都清晰地存在。最典型的因素包括：一是房地产库存巨大，据猜测目前商品房和棚户区改造带来的供应量大约有 85 亿平方米，按每年 13 亿～15 亿平方米的库存消化节奏，目前的高库存可供消耗 5 年以上。二是高房价的问题没有得到本质改善，从房价收入比看，经济增长疲弱导致挣钱日艰，使得房价更高不可攀。三是长期涉房政策的不确定性。多年来人们一直在议论房产税、房产赠与税、遗产税等等，拥有的房产在未来有可能产生收益，更有可能带来沉重税负。四是城市圈大局已定。经过 1998 年以来急风暴雨的城市化进程，目前中国城镇居民的住宅自有率已非常高，据说户均拥有住宅套数已超过 1 套。长期不利因素如此之多，为什么还声称买房是聪明的？

是否拥有自己的住房，和幸福与否直接相关。在中国城市中生活不是不可以租房，但公民的许多福利，实际上和户籍与自有住宅相关。何况在中国，房东对租客拥有压倒性的优势。传统和现实导致,如果你想在城市中拥有一个家,就必须拥有一套房,唯有如此才能为房子付出心血,将其建成自己在钢筋水泥丛林中的巢穴。考虑到我们的生命短促如闪电、微弱如尘埃,房子虽贵,却仍然是身心栖息所不可或缺的。

引导楼市软着陆已是未来五年的政策重点。加速房地产库存消化、以新型城镇化推动农民市民化、完善住房金融体系、增加居民的财产性收入等政策都已明朗化。这意味着,至少在未来五年,不利于房地产的调控政策几乎不可能出台。第一,关于房屋保有环节的税费,例如房产税等,它确实是未来地方财政税收的主要源泉,但在短期内落地的可能性不大,否则就无法增加居民的财产性收入,也和推动地产软着陆的政策取向背离。第二,限购限贷等政策,除了在极个别大都市,早已名存实亡。而对购房的金融支持力度日益增强,低首付低利率,辅之以未来可能出现的国家住房银行和按揭贷款证券化,种种努力使我们能以更高的财务杠杆实现购房梦。第三,当下中国安全边际较大的优质资产十分匮乏,但现金泛滥,权衡之下,虽然楼价高企,但高净值人群对大都市地产仍有信心和兴趣。从 2014 年第四季度以来,沪深楼市的火爆在一定程度上印证了楼市造富的氛围。

笔者的猜测是:楼市三年涨、五年平、十年落。楼市在分化中的软着陆是趋势。人口集中和房价较高的大都市,可能在未来三年给投资者带来的回报更高一些。其中北上广深以及南京、厦门等少数城市核心区的住宅和写字楼尤其引人注目。但楼价全国普涨、狂飙猛进的时代已不太可能重现。如果能够在未来三五年审时度势进行投资,知进知止,可谓聪明。

为什么说买车是懒人的选择?第一,如果你生活在大都市,各种专车、出租车和公共交通十分便利,没有必要买私家车,一年跑不了几千公里,既浪费又拥堵,还污染环境;如果你生活在惬意的小城市,私家车基本就是累赘而虚荣的点缀。第二,汽车是不断贬值的可贸易品,而房屋则由生产效率不高的非贸易部门提供。2000 年前后,当时一辆桑塔纳轿车的售价和京沪 60 平方米房屋的价值相当,而现在一辆车的价值未必买得了京沪住宅中的一个卫生间。2000 年的桑塔纳轿车如今可能已分文不值,而同样经历了 15 年时间洗礼的 60 平方米京沪小房可能价值 200 万元以上,抵得上一辆跑车的价格。更何况有车和有房给人带来的幸福感,几乎不可比。

我们一生从工作中创造和获得的财富是有限的,只有聪明地从财富增值贬值的较长周期去考虑,才能赶在自己老去之前,主要以智慧而非节俭,来努力接近财务自由。我并不想否认中国楼市的泡沫和风险,只是在无奈之下,我们只能冒险地选择和泡沫共舞。

房产税将击穿中国楼市泡沫

越来越多的数据显示,短期因北上广深一线城市核心区的涨价压力,楼市永远向上的幻觉被示范放大到全国广袤的三四线城市。从中期看,房产税的开征可能成为击穿中国楼市泡沫的利器。

未来即将开征的房产税,和目前重庆、上海征收的房产税会有显著不同,它是在持有缓解针对全部存量房产征收的税种。发达国家的地方政府普遍开征此类税收,税率大约在 1%,不同区域和不同房产的税率差异比较大。

未来即将开征的房产税,大约何时开征?开征房产税需要具备全国统一的房屋产权登记数据库,这个数据库的形成有一些基本条件,一是你是谁?即个人的身份信息。二是你的家庭成员有谁?即家庭成员的组成和变动信息。三是你在中国境内持有的房产套数和类型。四是你及家庭成员的个人征信、纳税等相应信息。因此全国房产统一登记制度,需要公安、民政、央行、税务和地方住建部门现有数据库的集中和统一,逐渐从物理集中迈向数据仓库。如果一切顺利,该数据仓库可能在 2014 年年中初步形成,在 2015 年上半年具备选择一些省市进行开征试点的条件。房产税从空转进入实转的时间并不遥远,也许就在 2 年左右。

为什么政府需要开征房产税?根本原因在于税源不足。中国经济目前并没有摆脱 2010 年以来形成的持续放缓的大格局,我曾在 2010 年指出,中国经济的高速发展阶段已结束，至今这种判断并未被证伪。如果从流转税的增速来倒推中国GDP增速，那么在2012年可能是6.8％，2013年第一季度则可能低至6.5％，从目前到2020年，中国GDP要维持7.5％的增速难度极大。在这样的背景下，政府税源日益枯竭。地方财政的困难尤其巨大，1994年分税制之后，地方财力日益萎缩，地方靠拖累银行和逃费银行债务，勉强维持到2000年；此后靠土地财政，维持到2008年；然后靠地方投融资平台，维持到当下。随着营改增的推广，中国地方政府已不再具备任何主体税种。通过向企业增加税负已很困难，民企不堪重负，且分红艰难。因此，开拓税源很自然地集中到居民身上，而中国居民拥有的最大宗财富可能就是房产。

如何开征？在我看来，如何开征似乎并不重要。重要的是，房产税对中国楼市的冲击很可能被严重低估。政策决策者也许会在税基方面有所考虑，例如，按家庭成员的多少，进行免税面积的扣除，比如对3口之家150平方米以下的住房免税。例如，按房屋类型，进行免税套数的扣除。例如，农民自建住宅、房改房、2套以内的商品房或经适房免税。政策决策者也许会在税率方面有所考虑，例如在一二线城市的房产税率定得相对较高，而将三四线城市的税率定得较低。我之所以强调，如何界定免征不重要，在于以下逻辑：一是较宽泛的免征规定，对三四线城市的财力补充作用有限，而较狭窄的免征规定，难以平息民众的广泛不满。二是即便从边际角度看，只有中国的富裕群体才可能真正承受房产税（例如仅对2套以上房屋开征房产税，并随套数的增加而累进），少数富裕群体抛弃房产投资，也将带来巨大的市场震动。这就是投资中的羊群效应。对没有多套房的居民，房价上涨本来就是纸上财富难变现；对中高收入群体，如果富裕群体逐渐放弃投资房产，这种示范效应很可能被决策者忽略。比如，中国居民储蓄账户中，99.46％的账户余额在50万元以下，但这一定意味着对仅占账户数0.54％的高余额账户收税，不会引起储蓄的急剧分流。

房产税为什么冲击巨大？原因在两方面：一是从中长期看，即便没有紧锣密鼓的调控，中国房地产市场也已进入平台期，此时出台房产税政策，雪上加霜的效果更显著。二是房产税是标志性的财富再分配政策。中国居民财产中最重要的形式是房产,国家统计局曾统计认为,房产占中国居民家庭财产的 70%,对这一部分征税影响极其深远。哪怕是 0.5% 的税率,以房屋产权 70 年计,也意味着本来属于你的财富,瞬间有 35% 不再是你的了。中国居民的生活将更依赖薪酬,而不是财产性收入。按马克思的定义,没有或较少拥有财产性收入,主要依赖出卖活劳动生活,是无产阶级的典型特征。

不仅如此,房产税的开征还衡量着政府执政的开明程度。房地产调控至今,之所以政策频出,效果糟糕,与民意相悖,就在于政策决策的透明度太低,民意参与度几乎为零。因此,在开征房产税之前,真的希望执政者能够反思政策制定的目标、执行的效果和民众的认同度。一是是否应考虑中国民众如何才能保存其财富?2003 年至今,M2 增长 5 倍,GDP 仅增 3 倍,对发钞背后隐含的攫取通货膨胀税的冲动是否应该克制一下?二是地方财政如今步履艰难,是用房产税来转嫁问题,还是真正进行 1994 年以来的综合财税改革?三是在中国房产和土地所有权分离,房屋普遍建设在已交纳土地出让金的租用土地之上,房产税开征的法律依据是否充分?四是房地产剧烈调整的金融风险是什么?曾有官员认为即便中国房价下跌 50% 银行业也扛得住,这种判断甚至比激进的学者更大胆。五是如此广泛涉及中国居民财产状况的政策,是沿用秘密讨论决策、出其不意地实施的陋习,还是保持足够的决策透明度和公众参与度?透明和参与是良政的基石。

我悲观地认为,关于房产税的讨论尚不够充分,仓促的政策极有可能使中国楼市泡沫被击穿,在未来中期内,除了一线城市和少数二线城市的核心区,其他地区的房产不再具备投资价值,甚至可能成为棘手的风险资产。房产税开征之日,便是房价见顶之时。在黄金价格持续下跌时,有人涌入抢金;在房地产高危时,也难免会有人呼吁开征房产税。

孰先孰后:个人所得税、房产税还是遗产税?

从历史上说,中国是一个以直接税为主的国家,从井田制、摊丁入亩等古代税制,以限制人口迁徙为特征的户籍制,可能和基于征缴实物的直接税密切相关。直到盐铁专营许可制日益重要时,间接税才逐步登台。

从现实看,中国目前是以间接税为主的国家,未来十年也大致如此。但考虑到全部税收贡献中,来自企业的比例过高和来自住户部门的比例过低,有必要强化直接税的征收,尤其是针对住户部门的直接税。因此,在个人所得税、房地产税和遗产税三者之间如何权衡先后和难易,就显得十分重要。

就个人所得税而言,其是针对个人收入的年度流量的税收。如果规定一个简单的起征点和累进税率,那么其征收的困难主要是收入的认定和有效征管,可以避免涉及个人存量财富,也可避免家庭成员变更带来的征税困难。考虑到中国目前庞大的 8.2 亿劳动力人口以及约 6 亿的就业人口,区区不足 3000 万人的个人所得税缴纳人群显得过少,尤其是富裕人群个税的缴纳情况值得关注。因此改善个人所得税的征管办法迫在眉睫,建议将宽税基、广覆盖、有效累进税率作为改革的重点。

就遗产税而言,其是对个人离世后的存量财富的税收。同样,如果规定一个简单的起征点,以总遗产税的方式开征,不仅较为符合中国的文化传统,也由于遗产税并不损害生者生前的福利,只是在继承或者赠与时课税,其天然具有递延性,带来的社会震动也相应较小。不仅如此,动产或者不动产的遗产认定也相对容易,例如房产,只要拥有房产,不管是农民自建、福利房改房、经济适用房还是商品房,均应纳入遗产。如果不考虑分遗产税,那么遗产税的征管难度,大致和财产让渡时的交易环节课税相当。

遗产税开征是否会导致财富外流? 有可能。但目前全球经济体量较大的国家几乎均开征遗产税,小型离岸金融中心或避税天堂才免征遗产税,这就决定了作为全球第二大经济体的中国,迟早必须考虑开征遗产税,而不是担心财富外流而继续容忍贫富悬殊的扩大。从中国传统文化来看,生而多奢欲、死而多金并不明智,过多的遗产往往反而耽误甚至祸害了子孙。

就房地产税而言,其是对家庭产权性拥有的房地产在持有环节的课税。和个人所得税、遗产税相比,其征管难度大、社会震荡难以评估。其中涉及一系列较为棘手的问题,例如是房地合并征税,还是仅针对房产征税? 如果房地合并,则涉及土地权属问题;如果房地分离,则房产随时间不断贬值,真正自然增值决定因素往往是土地的区位特性。再如,即便仅对房产征税,是否需要区别对待宅基地、房改房或保障房、商品房? 此外,房产税还涉及以家庭为单位的全国房屋产权统一登记体系的形成。考虑到房地产税是持有环节的持续纳税,这将给不少业主带来持续的财务压力。因此,触及存量的真正意义上的房地产税,需要较为苛严的税收征管基础条件,同时,如何评估房地产税带来的社会震荡也是难题。

遗产税和房地产税可能存在较强的替代性,原因在于房地产是中国家庭的主要财富形式,大约占据家庭总财富的六到七成。因此,在遗产存量环节征税,可以大大弱化在房地产持有环节征税带来的复杂争议,而从代际平滑角度看,两者在改善收入分配方面的效果相似。因此,遗产税和房地产税择一而征也未尝不可。

从以上简析中,我们建议,未来中国税制改革,必须逐步增加针对住户部门的课税,其中应将改善个人所得税征管置于优先地位,其次是遗产税,个税和遗产税征管体系的成熟,将为开征房地产税创造坚实的征管基础。个人所得税宜为中央和地方分享税,以在全国范围内弱化收入分配的不公。考虑国际经验和征管成本,遗产税和房地产税宜为地方税。

储蓄率如何影响房价?

关于房价和储蓄率的关系,如果承认两者有相关性,那么有两个讨论方向:一是房价对储蓄率的影响;二是储蓄率对房价的影响。

房价对储蓄率的影响

关于房价对储蓄率的影响,Neale Kennedy 和 Palle Andersen[1]有过详细的讨论。基本的相关关系是就整个研究时期(1970—1992 年)而言,8 个国家房价对储蓄是负效应,2 个国家房价变化对储蓄是负效应,3 个国家这两者不相关,澳大利亚和比利时这两个变量是正相关。对于 1980—1992 年这一时期,除了澳大利亚、法国和荷兰,房价和储蓄率相关性增强。比利时和意大利是正效应,德国这两个变量相关性不明显。出现这种负效应的原因可能是某个因素对房价和储蓄率有相反的作用。第一,金融自由化对房价有正效应,而对储蓄却有负效应。第二,较低的通胀让按揭贷款利率和分期付款债务的时间曲线倾斜,从而增加住房需求,同时减少

---

① Neale Kennedy & Palle Andersen. Household Saving and Real House Prices: An International Perspective, BIS, 1994.

储蓄。第三,较高的名义和实际利率降低了房价,同时增加了储蓄。第四,人口特征的变化,比如20～35岁年轻人比例的增加会减少储蓄,但会增加对住房的需求。另一方面,某些因素对储蓄率和房价的影响方向也可能是相同的。第一,更高的收入导致对住房的需求增加的同时也增加了储蓄。第二,非住房财富的增加导致储蓄减少,并同时减少对住房的需求。

从理论上考虑房价对储蓄率的影响,需要同时考察住房拥有者和潜在购买者对房价的反应。比如在金融自由化时期,住房拥有者可以获得积累性住房财富,而潜在购买者付更低的首付,这样房价对储蓄率肯定有负效应。

生命周期储蓄模型提供了一个很好的思考框架。对于潜在购买者而言,房价上涨会提高储蓄。但有两个因素会削弱这种影响:第一,以前的租房人会放弃购买新房,而把储蓄下来准备付首付的钱消费掉;第二,一些人会买更小的房子。对于住房拥有者而言,房价上涨会降低储蓄。但是也有三个因素会削弱这种影响:第一,如果住房拥有者希望将房子留给下一代,那么他会将资本所得储存起来;第二,住房价格上涨,那么房子作为消费品的使用成本上升,这也促使他们储蓄;第三,如果金融监管的作用使住房拥有者不能将获得的资本利得转换为消费,那么他们也会被迫储蓄。

考虑到再分配效应,高房价导致房屋拥有者的财富增加,而他们对于资本利得更加清楚,相反买房者却对这种资本利得不清楚,他们会买房让住房拥有者消费更多,从而对总储蓄产生负效应。

综合分析,当下列条件中的一个或多个出现的时候,房价对储蓄的效用会是负效应:第一,拥有住房的人比例高于一半;第二,即将买房的人对于住房价格上涨只有模糊的概念,而拥有住房的人清楚地知道房价上涨带来的资本利得;第三,当局没有国际收支平衡的目标,从而允许资本进出,或者允许非本国居民获得住房;第四,金融自由化让人更容易获得二次按揭或者减少首付和流动性限制。

在这样的推断下,房价上涨会导致以下国家的储蓄下降:美国、英国、芬兰、挪威和瑞典,因为这些国家住房拥有者的比例较高,而且在20世纪80年代以后金融体系自由化程度高。在日本、加拿大、澳大利亚和爱尔兰预期也是负效应,虽然日本的首付比较高。在德国、意大利、比利时和法国，这种效应是正的，因为首付比例很高而金融体系自由化程度也不高。由于数据可得性，荷兰和丹麦的效应难以预期。

在控制收入、消费者价格指数、利率、股票价格、债务比率、失业率等因素之后，房价对储蓄率的影响分两类：在美国、英国、挪威、芬兰、丹麦、荷兰、日本 7 个国家，房价上涨对储蓄率的影响是负效应；在比利时、意大利、加拿大、澳大利亚、法国、瑞典、爱尔兰、德国都是正效应。

储蓄率对房价的影响

但是，关于储蓄率对房价的影响讨论却几乎没有。从理论上讲，如果忽略供给面和投资因素，居民收入对住房需求是一个影响住房价格的基本因素，而且可支配收入越高，对住房需求越旺盛，住房价格也越高。这一点在实证中也得到了证实。Meen(2002)[1]对美国 1981—1998 年的估算结果显示，收入价格弹性为 2.7，也就是收入增加 1%，住房价格增加 2.75%；对英国 1969—1996 年收入价格弹性估计结果是 2.5。Nagahata (2004)[2]等对日本收入价格弹性估计结果是 0.2～0.5。Bessone 等 (2005)[3]对法国 1986—2004 年研究结果显示收入价格弹性是 8.3。Oikarinen (2005)[4]采用 1975—2005 年数据估计芬兰的数据是 0.8～1.3。Wagner(2005)[5]

① Meen, G. The Time-series Behavior of House Prices: A Transatlantic Divide. *Journal of Housing Economics*, 2002(11).

② Nagahata, T., Y. Saita, T. Sekine & T. Tachibana. Equilibrium land prices of Japanese prefectures: A panel co-integration analysis. *Bank of Japan Working Paper Series*, 2004(04-E-9).

③ Bessone, A. J., B. Heitz & J. Boissinot. Marché immobilier: voit-on une bulle?. *Note de Conjoncture*, INSEE, 2005.

④ Oikarinen, E. Is Housing Overvalued in the Helsinki Metropolitan Area? *Keskusteluaiheita Discussion papers*, No. 992, The Research Institute of the Finnish Economy, 2005.

⑤ Wagner, R. En Model for de danske ejerbol igpriser. *Økonomi-og Erhvervsministeriets arbejdspapir*, 2005, No. 1.

采用 1984—2005 年数据估计丹麦的收入价格弹性是 2.9。Abelson 等(2005)[①]采用 1975—2003 年的季度数据估计澳大利亚的收入价格弹性是 1.7。

虽然住房需求函数中房价收入弹性都为正数,但这并不表明可支配收入增加就一定会导致房价上升,其中一个容易忽略的重要元素就是住户储蓄率的影响。从需求角度而言,能够支撑住房价格的是居民的有效需求。在同样的收入水平下,如果住户储蓄率越高,那么对住房的支付能力越强,对住房需求越大,房价应该越高;反之住户储蓄率越低,那么支付住房能力越弱,不能形成对住房的有效需求,即使可支配收入在增加,房价也可能无法上涨甚至还可能下跌。按照这样的推断,其他条件不变,住户储蓄率越高,对住房的支付能力越强,房价应该越高;反之,住户储蓄率越低,对住房支付能力越弱,房价越低,甚至在收入增加的情况下,仍然可以观察到房价降低。

案例 1:日本(1970—2012 年)

我们试图从历史角度考察日本的房地产市场住户部门储蓄率是如何作为基本面支撑房价的。在 1970—2012 年期间,日本的住户储蓄率经历了一个先上升后下降的过程(见图 1)。1970—1974 年储蓄率连续上升,到 1974 年到达历史最高的 21.8%。但随后经历了一个长期持续下降的过程,一直到 2012 年都没有超越过 1974 年的历史高点,而最低点是 2008 年的 0.43%。1979—1981 年、1987—1991 年、1997—1998 年有微小的反弹,但是 1974 年至今储蓄率整体趋势是下降的。其中 1996—2000 年储蓄率在 5%～10%,而 2001 年以后储蓄都低于 5%。

再看房价的变化。日本房价变化情况习惯上用土地价格指数来反映。由于住宅用地和商业用地用途不同,历史上价格变化趋势也有差异,背后驱动因素也不一致,这里把两者分开描述。下面试图从不同阶段土地价格变化情况与住户储蓄率的变化情况相联系,以解释储蓄率对于土地价格的支撑作用。

---

① Abelson, P., R. Joyeux, G. Milunovich & D. Chung. Explaining House Prices in Australia: 1970—2003. *Economic Record*, 2005, Vol. 81.

第一阶段：1974—1980 年的小幅降价以及恢复阶段。这里主要分析住宅土地价格的变化。经过 1974 年的土地价格高点以后，日本土地价格开始下降，从名义价格上看，1975 年相对 1974 年下降 8.9％，此后每一年相对上一年都是小幅上涨，到 1980 年住宅用地恢复到 1974 年水平。同期储蓄率虽然逐年下降，但是都维持在 15.5％～21.8％的高水平。而同期的工人家庭收入也在大幅上升。虽然 1973 年日本遭受了第一次石油危机的冲击，此后经济增长放缓，并遭受物价飞涨、出口受到影响等不利影响，但是从二战后到 20 世纪 70 年代初日本实际 GDP 以每年 8.96％的速度增长，居民收入提高，加上维持在高位的储蓄率，仍然保持了土地价格在 1975 年下降后连续几年的增长并恢复原来的价格。

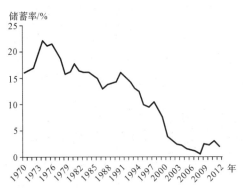

图 1　1970—2012 年日本住户部门储蓄率

资料来源：OECD，MLIT，平安证券研究所

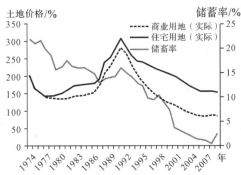

图 2　日本住房实际价格与储蓄率变化

资料来源：OECD，MLIT，平安证券研究所

第二阶段：1981—1991 年土地价格起飞到达历史最高位。1981—1991 年日本储蓄率维持在 15.12％，其中 1987 年最低，为 12.94％；1971 年最高，为 17.38％。其间日本工人的月平均收入从 1980 年的 35 万日元增加到 1990 年的 52 万日元。这与当时日本的宏观经济形势密切相关，虽然 1973 年石油危机以后日本 GDP 增长速度放慢，但是 1973—1990 年仍然保持每年 4.3％的增长速度，是继 1973 年以前高速发展之后的"稳定增长"阶段。稳定增长的宏观条件、较高速度的居民收入

增长加上平均 15％的居民储蓄率,这是维持房价持续上涨的基本因素。1981—1986 年主要是住宅用地价格的持续温和上涨,年平均增长率分别为 5.3％和 4.8％;而 1987—1991 年商业用地和住宅用地一起快速增长,1988 年分别上涨 25％和 21.9％,于 1991 年达到了历史顶点。

1987—1991 年土地价格上涨虽然有实体经济上涨的贡献,但是不同寻常的急剧大幅上涨还与当时日本的金融政策有关。《广场协议》以后日本采取宽松的财政政策和货币政策以应对日元升值萧条。1986 年 1 月开始日本银行连续五次降低利率至 2.5％,并持续到 1989 年 5 月。货币供应量年均增速每年以 10.5％的速度增长。财政政策方面,1985－1987 年四次扩大内需,1987 年 5 月有 4.3 兆日元用于公共事业,0.7 兆日元追加住宅金融公库融资,1 兆日元作为减税弥补。1987 年和 1988 年两次减税,法人税从 42％降低到 37.5％;所得税由原来的 10.5％～70％分 15 段降低到 10％～50％分 5 段。[①] 金融体系的贡献是此时期房价急剧上涨的原因之一。

综上所述,此阶段日本经济的特点是稳定增长的宏观经济、持续上升的居民收入、稳定维持在高位的储蓄率,这是支持房价上涨的实体经济因素;1987 年开始的金融宽松政策为房价急剧上涨提供了另一个重要动力。

第三阶段:1992 年至今,日本土地价格持续走低。从图 2 可以看出,1991 年日本土地价格泡沫破裂以后,接下来的 20 年每年土地价格都是负增长,除了 2007 年和 2008 年比上一年分别增长了 0.1％和 1.3％。最大降幅为 1993 年的－8.7％,其余年份也有相对较大的降幅。如果说 1987 年开始的金融体系催生了日本土地价格的巨大泡沫,那么 1991 年价格破灭以后,在接下来的一段时间内,土地价格对金融泡沫修正以后应该有一定程度的增长,日本土地稀缺,而且土地作为一种资产,理应伴随财富的增长而有一定程度的升值。然而日本土地价格却并未升值,每年都是一定程度的负增长,到 2005 年以后,从实际价格来看,甚至与 20 世纪 70 年代土地价格持平。如果从这个指标来看,日本经济 30 年来都在原地踏步。如果金

① 童适平:《日元走向国际化的条件和前景》,《亚太经济》2001 年第 1 期。

融泡沫修正时间并没有 20 年那么长，降低幅度也并没有这么大，那么日本土地价格的下降只能从实体经济方面找原因。

　　从宏观经济来看，日本 1992—2012 年 GDP 增速平均仅 0.8％，其中好几年甚至呈负增长（见图 4）。同时从工人平均月收入数据来看，最近 20 年几乎没有变化，期间有小的调整，但是 2000 年以后维持在一个不高的水平。更为严重的是储蓄率经历了一个持续下降的过程。1992—2000 年年均储蓄率维持在 11％ 的水平，相对于前一个时期已经下降 4 个百分点；而 2001—2012 年年均储蓄率仅仅只有 2.05％，相对于以前已经是剧烈下滑，2007 年和 2008 年 0.92％ 和 0.43％ 的储蓄率几乎接近零储蓄。

　　这个时期日本经济的特点是：GDP 低速增长、人均收入并未提升、储蓄率剧烈下降到极低的水平，失去了支撑土地价格继续上涨的因素。在如此低储蓄率下，虽然此时期日本居民的收入水平并未下降，土地价格仍然持续下跌。

　　日本案例的结论：从日本的房地产历史分析可以看出，储蓄率对于房地产价格是一个基本的支撑因素。储蓄率较高的时期，房地产价格趋于上涨；储蓄率下降以后，即使收入维持原来水平，仍然无法支持房地产价格继续上涨，房地产价格趋于下跌。如果日本的居民收入和储蓄率没有明显改善，可以预测在未来一段时间内土地和房地产价格仍将无法回升。

图 3　日本工人家庭平均月收入（1955—2010 年）

　　资料来源：日本统计局，平安证券研究所

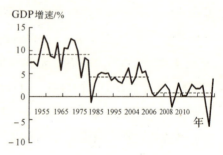

图 4　日本经济增速的三个平台

　　资料来源：CEIC，平安证券研究所

案例2：美国（1970—2012年）

就房地产价格的走势和变化而言，美国和日本有相似之处。美国房价名义价格在2007年以前一直处于上升状态，年平均增长率为6.55％；2007—2009年依次下降1.8％、9.77％、12.46％，2011年下降4％。美国真实房价在2011年左右恢复到20世纪90年代中期的水平，并且房价并没有像前几次那样迅速复苏。20世纪90年代初日本土地泡沫破灭以后，土地价格持续下跌了20年，至今没有恢复。那么美国会不会像日本一样，经历一个长期的下跌过程？从真实价格变化水平来看，2006—2011年的这次下降已经是历史上时间最长、降幅最大的一次房地产价格调整，这种情况会不会持续下去？这需要我们从支撑房价变化的实体经济因素——如储蓄率和金融机制去理解。

对于美国房价的分析仍然分成三段。第一段：1970—2000年由高储蓄率和高人均收入支撑的房价稳定增长阶段。这与日本20世纪80年代中期以前增长机制相似。虽然美国住户部门储蓄率并不像日本那么高，但是1970—1992年仍然维持年均8.82％的储蓄率；1992—1999年稍微低一些，为年均5％。与日本比较，美国储蓄率虽然偏低，但是1970年以后的30年，美国房价还是经历了持续上涨，即使中间有短暂的下跌，也能很快恢复过来。除了有一个比较高的储蓄率以外，美国30年的住户部门可支配收入和人均可支配收入都在持续上涨，年均上涨率分别是3.2％和6.78％。因此，较高的储蓄率与持续增长的可支配收入是支持美国30年房地产价格持续增值的基本因素。

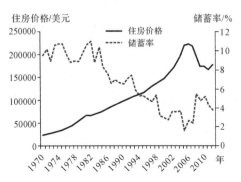

图5　美国住房价格和储蓄率趋势

资料来源：OECD，平安证券研究所

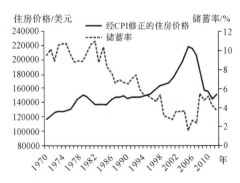

图6　美国实际住房价格和储蓄率趋势

资料来源：OECD，平安证券研究所

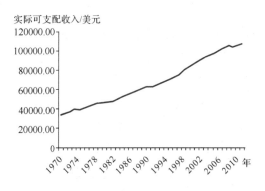

图 7　美国实际可支配收入持续上涨

资料来源：OECD，平安证券研究所

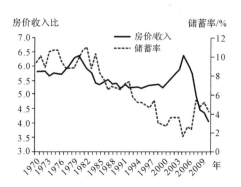

图 8　美国居民储蓄率与房价收入比

资料来源：OECD，平安证券研究所

　　从房价收入比来看，这一阶段总体上维持平稳，后期略有下降。其间，1977—1981 年小幅上升，1981—1984 年回落，此后维持在比原来稍低的水平。住户可支配收入在以年均 6.78% 的速度增张，理论上住户对住房的支付能力在 30 年中增长了不少，但是房价并未如想象中那样大幅上涨，原因在于住户储蓄率是偏低的。虽然 1992 年以前还维持比较高的储蓄率，但是在接下来的 8 年时间，5% 的储蓄率确实无法支持房价大幅升值。

　　进一步从房屋可得指数（House Affordability Index，HAI）角度可以看出，储蓄率的逐渐下降是房价无法持续大幅上涨的一个重要原因（见图 9）。HAI 在 1986 年为 100，也就是中位数收入的家庭支付一套中位数价格住房的能力。HAI 越高，居民购房越容易。HAI 在 1986 年以前是低于 100 的，1986—2000 年是高于 100 的。因此，1986 年以后对住房需求应该很旺盛，住房价格应该比前一阶段以更高速度上涨，但这种现象并未出现。原因在于这段时间内美国住户的储蓄率是下降的，从 20 世纪 70 年代初的 10% 逐渐下降到 2000 年的 2.9%。因此，储蓄率降低是 1986—2000 年之间美国住房价格没有持续大幅上涨的一个重要影响因素。

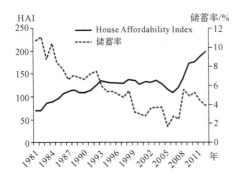

图9　美国住房可得指数与储蓄率

资料来源：OECD，Fed. St. Louis，平安证券研究所

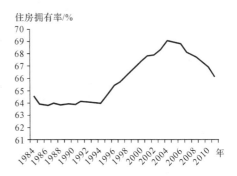

图10　美国住房拥有率在2003年见顶

资料来源：US Census Bureau，平安证券研究所

接下来看第二段：2001—2006年。这段时间名义房价涨幅年均7.1％，经CPI修正以后房价年均涨幅4.3％，分别高于前一阶段的6.4％和1.3％。同期住户部门可支配收入年均增长2.6％，人均可支配收入年均增长4.4％，都显著低于前一阶段。更糟糕的是同期住户部门储蓄率年均仅2.9％。按照这样的推断，实体经济层面（储蓄率的下降和可支配收入缓慢增长）没有理由能够支撑比上个阶段房价更加快速的增长。因此，此轮房价上涨必然不是由实体经济发展引起，而是由金融政策导致的，这和日本1986—1991年金融宽松政策下土地价格泡沫的形成极为相似。

2001年以来美国采取了扩张性货币政策。2000—2003年美国为了软化网络泡沫破裂，加上当时"9·11事件"对经济的负面冲击，将联邦基金利率从6.5％下调到1.0％。在低利率政策下银行发放大量各种形式的抵押贷款，发放条件的宽松性让许多人购买了超出支付能力的住房，加上美国当时金融体系的特殊产品和运作，房价被抬高到历史最高水平。美国人口调查局数据显示，1994年美国家庭拥有住房的比例是64％，而2004年到达历史最高水平69.2％，大部分是住房抵押贷款的贡献。此轮房价上涨是没有实体经济面支撑的。这个阶段可支配收入的缓慢增长和储蓄率的严重下降是会导致房价下跌的，这种上涨是金融体系导致，必然产生房价泡沫。从房价收入比可以看出房价偏离了正常水平。前一阶段基本上维持在 5.2 倍的水平，而 2000 年以后房价收入比逐渐上升，2005 年已经是 6.4 倍，而与之相对的却是 1.54％ 的低利率。同期 HAI 是下降的，2006 年到达最低值 107，相当于 1987 年的水平，也就是房价中位数上涨超过了收入中位数上涨，从另一个角度印证了房价泡沫的存在。

此阶段房价上涨对应于美国历史上最低的储蓄率，仅有 1.5％～3％，低储蓄率必然不能支持房价的上涨，相反它应该是下跌的。如果有上涨那是金融体系造成的泡沫，必然会破裂，随后的房价走势证明了这一点。

第三阶段：2007 年至今。次贷危机以后，美国房价一直处于下跌状态，经 CPI 修正的房价年均跌幅 7.55％，最大跌幅为 2008 年和 2009 年的 13％ 和 12％。名义房价跌幅在 2009 年也达到 12％。从实际价格水平上看，2012 年美国房价回到了 20 世纪 90 年代中期的水平。与其说次贷危机以来美国房价暴跌，还不如说是对金融体系造成房价泡沫的修正，让美国房价回归到以储蓄率等实体因素支撑的理性价格。2007 年以后美国人均可支配收入水平增长 2.3％，住户部门可支配收入水平增长 1％，相比于历史水平这两个因素并没有实质性增长。同期储蓄率倒是比上一阶段有所回升，达到年均 4.3％ 的水平，但是仍然低于历史水平，也就是说美国居民储蓄率还是不足够支撑房地产等资产价值的上升。

低储蓄率必然导致对房地产的支付能力减弱，需求减少，房价上涨无力。从房价收入比看，2007 年以后数值已经下调到 4.3～4.4 的水平，而 20 世纪 70 年代以来美国从未出现如此低的房价收入比例。再看 HAI，2007 年以后这个指数持续上升，到了 2012 年它达到历史最高的 196 点，也就是说中位数的房价下跌大于收入中位数的变化。从美国住房拥有率的数据看，2011 年为 66％，相对于 2004 年历史最高水平有所下降，相当于 1998—1999 年的水平。而从储蓄率角度来看，2011 年是 4.24％，1998—1999 年平均储蓄率为 4.15％，从这个水平来看，剔除金融体系的作用，储蓄率等基本面因素对美国房价的支撑只能到这个水平。

但是从房价收入比和 HAI 的数据看，美国房地产这几年相对于历史水平是便宜了,而可得性也更强了,但是美国住户房地产占有率却在下降。其原因在于低储蓄率导致美国居民无法支付住房费用。如果去除这轮下降是对之前金融泡沫的纠正,那么实体经济面能否支持美国房地产复苏,还需要看美国储蓄率和居民实际收入的变化。

次贷危机以后美国房地产由于储蓄率低等原因造成复苏困难,这从房屋开工数据也可以得到印证。2007 年以后美国住房开工数量是历史最低水平而且持续到最近都无反弹,这反映了需求方力量很弱。根本原因还是美国住户储蓄率低导致对房屋支付能力太弱,即使美国居民有相对于世界水平较高的可支配收入,他们对房价上涨仍然无力。

第三阶段房价下跌是对 2000 年以后房价非理性繁荣的一个修正,应该说 2000 年后美国居民在低储蓄率下,在抵押贷款的帮助下达到历史最高水平的住房拥有率,这已经让美国失去了 2007 年以后房地产恢复需要的需求方力量。从储蓄率来看,近几年维持在 4% 左右的低水平,美国潜在购买者是无能力支付住房的。而且上一轮房价上涨让美国居民债务上升,房价下跌后资产缩水,进一步挤压了居民的可支配收入,储蓄率在将来也不会有明显的回升。从储蓄率角度看,未来美国房价复苏需要的储蓄率支持面不存在,所以美国房价会在较长时间内维持一个理性的低水平。

从储蓄率看中国房价的走势

根据统计局的数据,我国的住户部门的储蓄率在 20 世纪 90 年代基本稳定,保持 20%~21%。但在 2000—2001 年经历了显著的下降,最低达到 16.44%。从 2002 开始,储蓄率持续上升,到 2009 年升至 25%,2010—2011 年下降到 23%。

毫无疑问,21 世纪以来储蓄率的上升是房价上升的关键支撑力量之一。同时,我们也看到居民收入持续稳步上升,2012 年城镇居民人均可支配收入为 2.45 万元,相比 10 年前增长了近 3.2 倍。此外,货币化、城市化也是重要的推升力量。

在过去 10 年,广义货币年均增速达到 17.8％,货币余额扩张了 5.3 倍。城市化率由 40.5％上升到 52.5％,城市人口增加了 75％。储蓄率、居民收入、货币化、城市化等各种力量共同推动全国房价上涨了 2.6 倍。

那么,从中长期角度看,中国的房价走势如何？从储蓄率角度来看,我国的储蓄率已经出现了拐点,随着经济增长中枢的下移,随着人口老龄化的加重,储蓄率在中长期内持续下行的趋势不可避免。因此,在中长期内,储蓄率对房价的支撑力量将逐步减弱。

第五章

中国经济现状与改革契机

中国经济转型切勿轻犯的十个错误

进入 21 世纪之后,人类并没有迎来一个更美好和平、永续发展的新世纪,而是各种政治、社会冲突不断,安全危机和经济危机频现。中国所面临的安全形势和经济局势也有显著变化。习近平提出了中国梦和"一带一路",并反复强调改革开放和和平崛起的决心,并愿意为作为全球命运共同体的未来发展,提供中国方案。随着中国面临日益错综复杂的内外部环境,中国应在经济转型中,避免犯下哪些不可预测的错误?

1. 持续安全竞争难免,但切勿使中美之间风险管控濒临失控

中美关系也许是全球最重要的双边关系,尽管中国提出了发展新型大国关系,习近平主席也强调中国不会陷入修昔底德陷阱,但目前两国战略互信的现状不能令人满意。在中国和平崛起的过程中,中美可能难以避免持续的安全竞争,但切勿使中美之间的风险管控面临失败的巨大不确定性。

一是不要陷入经济全球化有助于弱化甚至消除冲突的幻觉。随着全球化的推进,中美经贸投资关系日益密切,不少学者认为中美之间已到了你中有我、我中有你、相互依存、密不可分的程度。这种认知值得怀疑。迄今为止,并没有强有力的

证据能证实，全球化和经贸交往是否有助于弱化持续的安全竞争。或者说，即便我们承认中美之间经济交往密切、互补性强的现状，这也并不能作为中美在传统安全领域一定不会陷入冲突的证据。如果一国相信修昔底德陷阱不可避免，如果一国误算甚至相信冲突或战争的未来红利、远高于管控分歧渐进互信的现实红利，那么风险管控是否会失败仍然令人担忧。

二是安全竞争构成了和平崛起不可或缺的保障。中美之间看起来，是美国以攻击型现实主义遏制中国的道义现实主义，风险管控是否会有疏漏，取决于两国之间持续的安全竞争，中国经济、社会和政治能否承受住持续高强度的安全竞争的过程，几乎也是包括美国在内的国际社会逐渐意识到国强必霸思维定式的局限，逐渐接受中国和平崛起这一事实的过程。大国竞争除了能指望自身足够强大并且少犯错误之外，几乎没有其他可指望的，如果中国难以承受高强度的传统和非传统安全竞争，也就难以实现中国梦和大国崛起。

三是艰难进展中的新型大国关系和激烈交锋中的安全经济并存，会使得中美都对双边现状和既有政策产生焦虑甚至不满感。如基辛格所言，当和平成为必然和首要的选项之后，会使得其他政治和经济政策遭受严重制约，进而可能会存在突破制约的政策焦虑和冲动。中国是否做好了既有力承受持续安全竞争，并保持相对均势，又不能使风险或危机管控失败，在这种艰难平衡中对外做好经贸投资交往，对内做好增长转型，是令人忧虑的。

2. 经济新常态难免，但切勿低估维持中高速经济增长的决定性意义

一是发展几乎是决定一切的硬道理。人类自有城市化和工业化以来，享受到文明富足生活的人口甚少。尽管许多学者喜欢讨论后发优势，但二战以来，徘徊在人均 GDP 达 1 万美元并且人口过 1 亿人的国家，只有巴西和墨西哥。其他迈入富国行列的经济体几乎都是小型开放经济体。如果中国经济能够维持中高速增长，那么到大约 2020 年，由于中国的加入，全球享受到城市化和工业化文明富足生活

的人口可能会翻番。如果中国经济总量是美国的一半，那意味着只有中国将经济增速维持在 2 倍于美国的水平，中美之间的绝对差异才不会被拉开，这意味着和中国梦所对应的最低经济增速应达到约 5%。

二是发展是维持公众信心的硬道理。随着 2010 年下半年以来中国经济增速的持续下行、通货紧缩局势的严峻，政府和民众的信心遭遇较大挑战。不唯 GDP 论也好，L 型增长也好，经济新常态也好，供给侧改革也好，都极其重要。但如果中国经济确实保持了稳定的中高速增长的现实和预期，才是凝聚信心的关键。脱离了政府财力的增长、企业盈利的增长、居民收入的增长，要激发和凝聚信心必然事倍功半。

三是发展是渐进解决而非激化问题的硬道理。中国渐进双规制改革的思路，是以增量优化来覆盖存量问题。如果经济未能维持中高速增长，那么社会矛盾激化，激进思潮甚至民粹思潮发酵的可能性将上升。那将给落实党的十八大以来做出的各种经济政策带来更大挑战。唯 GDP 挂帅不足取，经济新常态难免，但切勿低估中高速增长的决定性意义，中国经济没有大块头硬实力，就难以形成凝聚力和对既有政策的信赖，更难以承受大国之间的竞争。

3. 一部分人先富起来之后，切勿低估收入分配的重要性

经济学家之间有一个冷笑话，即如果一个学者特别关注收入分配问题，那么他本质上不是一个经济学家，而是一个政治经济学家或者政治家。这也许折射出新自由主义范式下，经济学界对收入分配问题的有意回避。但全球正在享用忽视收入分配的苦涩之果。

一是收入分配恶化是包括次贷危机在内的资本主义危机的深刻根源。次贷危机至今，人们对危机的反思大致停留在以金融因素解释经济危机，从金融技术因素给出了绝大多数人都难以理解的深奥莫测的危机根源。从马克思主义框架来分析，经济危机是膨胀的生产力对于劳工阶层微薄收入的相对过剩，是庞大的金融资

本对于创新和盈利能力脆弱的实业资本的相对过剩。也就是各种经济危机看起来表象不同，本质都在于政治精英对收入分配恶化的漠视。结果金融逼迫实业，实业逼迫劳工，劳工逼迫政府，政府逼迫货币，潮水般汹涌的货币反过来逼迫了一切。美国的收入分配形势可能是 1985 年以来最糟糕的，大多数州的工会试图逼迫政府将小时最低工资线提升到 10 美元。如民主党总统候选人之一的桑德斯所言，当一个工人每周辛苦工作 40 小时，却仍觉得生活艰辛时，这个国家的经济就真的出了问题。中产阶级的萎缩和低收入群体的庞大所引发的愤怒和焦虑，可以用来解释英国脱欧现象和特朗普现象。

二是收入分配恶化是中国陷入新常态的重要诱因。当年"让一部分人先富起来"的口号，激发了人们追求财富的激情。时至今日，面对中国 10 万亿美元的 GDP 蛋糕，中国似乎渐渐形成了收入分配恶化状况趋于凝固的四个新特征。特征一是权贵阶层的固化和社会阶层纵向流动的渐衰。这些权贵阶层既有权二代也有富二代，隐隐带有托马斯·皮凯蒂所描述的"承袭制"特点。特征二是中央和地方之间的事权和财力的持续失衡，当下地方政府几乎丧失了所有地方税源，同时财政转移尤其是一般转移的透明度却不高，一定程度上造成了地方政府行为的混乱。特征三是金融逼迫实业，庞大的接近 200 万亿元的金融资产，按 5% 利息率计算，至少给实体经济施加了 10 万亿元的利息索取，利益过分向金融和地产集中。并且金融资产负债雪球仍在越滚越大。特征四是巨富食利阶层的崛起，和中产、穷人的消费行为日益形成鲜明对比，同时伴随着中国城乡穷富差异没有改善的现实。没有坚实的中产阶级和能够保持的底层民众，就难有经济增长向内需转型，易出现产能过剩甚至僵尸企业；没有甘愿蹲守在实验室、田间地头、生产一线的科研实业群体，就难有真正的创新创业，却容易滋生靠金融、地产、互联网一夜暴富的投机群体。

三是精准扶贫对化解收入分配恶化大有裨益，但离解决根本问题仍有距离。当经济增长的蛋糕很小甚至可以忽略的时候，靠一部分人先富起来可以有效做大蛋糕。时至今日，对已经做大的蛋糕如何分割，很大程度上决定了蛋糕持续再做大的机制可否形成和有效运作。进入 21 世纪以来，对收入分配恶化的关注不足，可能是全球陷入危机,迄今仍复苏微弱的症结。对中国而言,权贵化、虚拟化和食利化,是经济转型中切勿忽视的挑战。

4. 确立中央权威之后,切勿忘记全国一盘棋的纵横协调

让我们回顾甲午海战的惨痛经历,按照当年的《美国海军年鉴》,清政府四大水师的实力排名全球第九、亚洲第一,但最终的结果令人扼腕。如果说输在武器,那清政府不是没有能力购置速射炮,但究竟是谁在阻挠购置? 如果说输在北洋水师孤军作战,那其他水师在忙碌什么? 类似的疑问都指向一个令人伤感的事实:国家治理僵化,部门和个人利益甚或理念凌驾于国家整体利益和国家命运之上,国运衰微。而我们似乎对历史悲剧的思考有些脸谱化,或多或少局限于"君是明君,吏是庸吏"或者"君是昏君,臣是忠臣"的极端解释,当政者未能尊重国家利益的必然先决和全国一盘棋的必要协调。

一是去产能化和结构调整之艰难,根源在于如何既服从大局又平衡利益。中央去产能的决策,地方维持产能的利益,相关行业和企业从业人员的焦虑,都指向了去产能的痛苦成本谁来买单或如何分摊这一焦点。如果一项总体整顿的决策缺乏局部平衡的配合,最终可能举步维艰,或索性推诿给金融机构尤其是银行来买单,并埋下金融风险潜伏增长的不安。

二是对部门和地方庸政懒政的批评,根源也许在于如何平衡激励和约束。要将原有的利益阶层瓜分权和利的惯性打破,需要承受压力和风险,甚至需要矫枉过正。但无论中央部委办局、地方还是基层,对企业和民众而言,其都是衙门、都是官。因此,有效的政府治理应该在体制内完成沟通协调,使决策清晰执行无误。如果政令未能通达,既需反思决策的民主集中过程,也需反思对部门、地方和基层的激励约束是否大致平衡。但体制内若无法达成全国一盘棋的纵横协调,反而令噪音向体制外反馈放大,则政府公信力必然受损且对体制内磨合进程并无裨益。

三是顶层设计的决策基础应当在于底层调研和试点,从群众中来,实事求是。

向着错误的方向再勤奋地努力，也不能集聚成美好的正确答案。如果政策本身宏大开阔、面面俱到，但地方或基层却难以执行、无法执行甚至无力执行，那缺乏底层基础的顶层设计就有可能沦为无源之水、无本之木。

5. 国有经济清晰定位之后，切勿漠视非公经济何去何从

一是对国有经济的定位已异常清晰：理直气壮也做优做强做大。1949 年之后，中国经济逐步走上了"一大二公"，通过指令和计划来调节经济运行的特定时期。改革开放之前，中国国民经济走到了崩溃边缘，以至于邓小平提出，贫穷不是社会主义，中国人再不好好搞经济建设，恐怕要被开除（地球的）球籍。尽管人们可以用国籍环境和国内政治动荡为"一大二公"未能带来强大经济活力作辩护，尽管人们可以用依赖命令型国有经济也艰难建立了中国相对完整的现代工业体系来作辩护，但毕竟以市场机制发挥决定性作用的混合所有制才是目前的纲领和潮流。中国 1949 年之后已经走过的近 70 年的历程，使得人们对如何强调都不过分的国有经济已习以为常。

二是对非公经济定位坚持不变，但仍待清晰化。外资、民营和个体工商户等非公经济，其在就业、GDP、税收、投资等多领域的贡献和占比，已无须多费笔墨，数据说明一切。面对非公经济的困境，企业家普遍思变求生、思变创新，而不是守旧不变，常有促进非公经济发展的各种意见，鲜见非公经济的清晰战略定位。

三是无论国有还是非国有，应在改革开放背景下，建立基于规则的公平经济环境。在强调国有经济做优做大做强的同时，可能也应考虑公和非公的进退平衡，考虑打破垄断、歧视和过度竞争，使混合所有制能够在阳光下，基于规则公平竞争，共同发展。

非公经济何去何从？如何进行战略定位？如今已到了避免一分为二非黑即白的走极端，重新思考凡事一分为三，去其左右，执中守正、择中而权的时刻了。

6. 推出经济刺激政策时，切勿忽视优先呼应民众的切身需求

目前似乎形成了这样的趋势，即货币政策和财政政策始终在扮演主角，其实从长期来看，宏观政策是中性和无效的，仅局限于短期刺激，治标不治本。货币刺激大行其道暗示着各国回避根本性的收入分配问题，偏离有意义的科技创新。

一是中国推出经济刺激措施时，自上而下的供给超出了自下而上的需求。比较一下 1998 年以来的宏观刺激政策，似乎在走一个轮回，政策工具箱即便不是老调重弹，也可谓创新不足。总结关键词，无非就是：去产能，当年叫作减人增效；铁公机（铁路公路机场），注入国债、银行贷款或 PPP 来推动基建；金融背负不良地产，委以重担，然后是一些零打碎敲的消费端补贴，大致是机械电器产品入户下乡。近期流行的是海绵城市、地下管网、雨污分流等说法。关于基础设施建设，白重恩等的研究指出，即便以不直接指向产能刺激的基础刺激，也同样会导致全要素生产率的恶化。至于因洪涝灾害而流行的海绵城市和地下管网建设，无非也只是基建刺激的细节变种，它并没有着眼于根治城市生态环境的恶化，也夸大了西方城市管网面对自然灾害的神奇效果，看看美国新奥尔良洪灾和加拿大阿尔伯特的火灾，美、加城市和政府对面自然灾害的应对能力，恐怕比中国更糟。

二是中国这些宏观经济刺激，更多在于刺激 GDP，而和民众需求有明显偏离。你所供给的，大多不是民众关心或所需的；民众痛心的需求短板，并没有在刺激政策中得到呼应。中国民众始终关注的仍然是环境、教育、医疗、养老四大问题，如果要加上两项，那就是食品安全和网禁苛刻。为什么民众自下而上的需求，不能刺激到味同嚼蜡的刺激政策本身？还是回到"上下两张皮"的老话，政策制定不接地气，政策执行自然泄气，民众对大把花钱买 GDP 自然有怨气。

三是自上而下的刺激，和自下而上的需求之间为何未能呼应？可能在于政策目标和政策难易。刺激政策需要立竿见影的效果，侧重维持经济增速；民众需求短板积弊已久，多为中长期努力方向；刺激政策需求往往追求四两拨千斤，侧重速效

易行,民众需求短板则牵涉利益盘根错节,知易行难。如果顶层设计和供给侧改革逐渐依赖刺激政策的长期化,那么前景堪忧。爱因斯坦曾说,如果我们每天重复同样的事情,却总是期待得到不同的结果,那是徒劳无益的。如果将刺激政策长期化,却忽视优先呼应民众切身需求,面对重症,可能也是麻药多于手术。

7. 追求创新立竿见影时，切勿忽视夯实创新的长期基础

目前的一个热门经济话题,是印度经济何时能追赶上中国。目前印度人均GDP大约相当于中国 2005 年时的水平。这让人醒悟到,就在不久之前,中国仍然相当贫穷但却富有勃勃生机,也让人反思为什么中国能迅速缔造经济奇迹。东欧剧变、苏联解体带来的全球化进程、集权和勇于进取的政府、相对完善的工业体系和基础设施等因素常常被认为是印度不具备的因素。在我们看来,另外两个因素可能同样举足轻重,即中国可能是大规模标准化制造的工业 3.0 的终结者,此后全球加速向数字地球和工业 4.0 转型,以至于并没有给印度留下类似当年中国那样的工业化机会。另外一个因素是中国相对成功的教育体制和雄厚的人才储备,目前中国人均受教育年限超过 9 年,而印度仅为 4.4 年且人才持续外流。这决定了印度复制中国奇迹的难度极大,同时也显示出,良治的政府和良教的国民,是创新的长期基础。

一是创新的前提在于政府治理的创新。现代政府治理和科技革命,大致源于1687—1689 年,这期间英国出现了牛顿力学和微积分,光荣革命和权利法案,以及后续创新的不断深化,催生了现代国家体系。中国和平崛起的中国方案如何尽可能地吸收人类文明精华,不是一件容易的事情。

二是创新的源泉在于国民教育的创新。进入城市化和工业文明之后,中国对人类科技的进步贡献巨大。在经济增长日益依赖技术进步的浪潮下,没有教育良好、纪律良好的国民群体,要让经济有持续创新活力是不可思议的。在我们看来,科技和教育创新应当成为经济刺激政策的重要领域。民众普遍抱怨基础教育均等

化的进程迟缓,其背后原因是寄生在基础教育链条上的利益群体过于庞大和顽强;民众普遍抱怨中国的大学仍然不够优秀,没有一个跻身于全球一流大学的大学群体。科研教学人员也在遭遇奇特的行政管控。以高考改革为例,如果我们假定各省考生在天赋方面并没有显著差异,那么从大样本看,各省考生分数的显著差异很可能主要折射出基础教育的不均等,因此也许各省之间拉平高考录取率是合理的。以高等教育学费为例,中国大学生四年大学总费用大约为城镇职工1年到1年半的收入;而美国大学生四年公立大学总费用至少相当于美国劳工(中位数收入)2年以上的收入。因此总体上中国高等教育和研究生教育的费用不算太高,但我们仍然必须看到,城镇家庭能够承受的子女上大学费用,农村家庭和较低收入家庭未必承受得了。可否制定一些相应的刺激政策,向基础教育薄弱地区多投入,拉平各省高考录取率,减免中等收入家庭子女的大学费用,或者减免艰苦和紧缺专业学费等。对大型企业的职工技术培训中心或学院也应予以扶持。而如何激励科研教学人员的创新能力和人格独立,避免他们主动或被动成为政策注脚;如何做好知识产权保护,避免企业过度竞争,则需另外讨论。

三是良治的政府和良教的国民共同推动创新。我们很难想象像利玛窦那样的传教士群体向清朝皇帝介绍西方科学技术时的艰难、落寞和坚持。帝王制度发展到最荒唐时,认为一切思想创新的源泉和知识的极致,是皇帝个人的大脑和思想。开明的政府治理,然后才有活力的国民教育,然后才有持续创新的源泉。如果总是追求弄出个新产品、新行业、新商业模式、新工业或者新技术,多少有些舍本逐末的味道。提出国家创新体系已非一年半载,呼吁人人去创业,个个搞创新的急切心态情有可原,但难遂心愿。创新鲜有立竿见影的,良治然后才能良教。在实践中创新沦为新奇特产品,能工巧匠的技艺,和旧时中国将科技一律贬称为奇技淫巧,两者之间的差异并不大。

8. 在人民币汇率预期稳定之前，切勿忽视保护外汇储备的重大意义

一国维持汇率的相对稳定和保护自身的外汇储备都很重要。就维持汇率稳定而言，主要着眼于维持以一揽子货币为基础的实际有效汇率的稳定。有时候汇率稳定和外汇储备雄厚是可以兼得的，但如果一国面对稳定名义汇率和稳定外汇储备变得鱼和熊掌不可得兼时，舍汇率、保储备是唯一正确的选择。切勿因维持汇率，尤其是虚幻的名义汇率的稳定，而耗尽千辛万苦积攒的外汇储备。

一是我们可以观察过去 20 年，一些经济体面临稳汇率和保外汇储备冲突时的政策选择。首先是东亚危机前的泰国，为了维持泰铢汇率的稳定，泰国几乎耗尽了其约 400 亿美元的外汇（和泰国经济规模相比，其外储已足够雄厚），最终仍然不得不弃守泰铢名义汇率，这种汇率和储备双失的政策选择令人非常痛苦。其次是香港面对对冲基金冲击时的港币汇率保卫战，香港特区政府也消耗了大量外储。但香港联系汇率制得以存续，也和内地政府及金融机构的介入支持力度相关。香港和内地都为此付出了巨大代价。这两个例子令人反思：名义汇率是否是值得全力守护的政策目标？稳汇率本身是否掩盖了更深的政策缺陷，例如当时泰国金融开放的失当之处，以及港币注定迟早会退出历史舞台的宿命？最后是受到西方制裁和油价暴跌双重冲击的俄罗斯，最终选择了任由卢布贬值和通胀上升，但珍惜和保护外汇储备的策略。如今回头看三个案例中，也许俄罗斯的选择最为明智。

二是我们不妨看是什么因素导致人们对稳定名义汇率的偏好。名义汇率相对虚幻，美元、欧元、日元、英镑等的名义汇率波动，有时在一年内波幅甚至超过 10%。但仍有许多国家，甚至一些小国对汇率波动充满恐惧。浮动恐惧的原因则错综复杂，有的出自对名义 GDP 的追求，似乎本币一贬值，用美元折算的 GDP 就会大缩水；有的是出自对资本外逃的忧虑，担心本土投资被削弱等，不一而足。但很可能，消耗大量外汇储备支持名义汇率，是为了掩盖建立在相对固定的名义汇率之上的更多更深的政策错误。例如东亚危机前的泰国，对美元相对固定的泰铢汇

率,不断开放的曼谷金融便利,使外资金融机构看到了泰国境内较高的泰铢利率和境外较低的美元利率之间,存在着无风险套利的机会。要消除无风险套利就必须纠正泰铢汇率的形成机制。在中国广泛存在的对名义汇率浮动的恐惧可能有更多原因,其中如何看待用美元衡量的 GDP 和人均收入,可能是重要却虚幻的原因之一。

三是我们必须清醒地看到,名义汇率稳定与否,很大程度上是虚幻的,是可以借助经济转型的成功而逐步修复的。但是外汇储备很大程度上是多年改革开放日积月累的辛苦成果,一旦失去,再要积攒起来,比登天还难。雄厚的外汇储备是一国的硬实力,而稳定的本币名义汇率不会被纳入国家实力之中。过去不到两年,中国外汇储备从接近 4 万亿美元的峰值直线滑坡了 8000 亿美元,几乎可以买下整个国际货币基金组织,这很可能是人类历史上仅见的最巨额的外汇储备丧失。是什么导致中国政府消耗了如此多的外汇储备?仅仅是公众对汇率浮动的恐惧吗?

如果汇率和外储不可兼得,那么必须警惕地审视依附在汇率政策之上的更多政策错配,同时毫不犹豫地选择保护外汇储备,鉴于外汇储备一方面既是官方部门的储备资产,同时也是对企业和居民等私人部门的负债,中国外汇储备兼有的资产性和债务性,使保护外汇储备对中国尤为重要。在我们看来,当下中国努力主动平衡欧中、美中贸易的失衡,改善以主权债(尤其是美国国债)为主的外储资产管理体制也许是必然的。

9. 在房地产去库存目标达成之前,切勿妄动房产税等莫测工具

随着中国城市化和市场化的进程,中国房地产业在过去 20 年有了惊人的发展,但也带来了巨大争议。楼市帮助地方政府获得巨大的涉房税费收入,楼市帮助业主改善了生活,或获得了巨大的房产增值收益,房地产金融成为金融行业极其重要的业务板块,但中国人仍然对于楼市又爱又恨。当下房地产也显著地影响着经济转型的进程。

一是全球房地产价格都在上升，中国市场只是其中的局部。当我们抱怨中国一线城市房价迅速上升时，可能忽视了只要没有持续的安全、宗教和种族冲突的全球主要城市，房价都有明显回升，其中甚至包括了经济和人口持续负增长的东京都市圈。美国从 2012 年之后至今房价始终在加速增长，并且也呈现出大都市和小城市冷热不均的现象。全球主要城市的房价在过去 4 年的升幅可能在约 40％甚至更高。这很有可能是各国央行实行数量宽松政策之后，继续推动零利率甚至负利率所致，折射出全球增长疲弱背景下的资产泡沫。中国经济、货币和楼市的关系和全球趋势大致同步，可能并非中国的房地产政策发生了什么重大变化。

二是中国楼市持续泡沫化的主要影响可能在于其对收入分配的影响，对房地产金融泡沫的影响尚在其次。如果包括中国在内的全球主要经济体的货币环境没有大变化，那么楼市持续高温或将延续一段时间。由于中低收入阶层较少拥有较多的股票债券房屋等资产，因此也就无法从资产价格膨胀中受益。假设北上广深市区尚可的便宜住宅每套价格最低为 300 万元，那么房价每年上涨 5％～10％就意味着每套房每年上涨 15 万～30 万元，这已超出了大多数年轻人的年薪。在收入赶不上房价的压力下，这些年轻人的父母被迫承担子女的部分购房资金，这既加剧了有产阶层和工薪阶层的分化，也加剧了财富向一线城市的集中，甚至有可能加剧社会矛盾和焦虑感。同时，我们可能需要区别房地产泡沫和房地产金融泡沫。以美国为例，其房价大致已超越了次贷危机前的水平，房地产过去 4 年持续景气回升，但次贷危机中形成的房地产金融泡沫类的有毒资产并没有得到有效清理。看起来，推动房地产本身过于金融化、衍生化的房地产金融泡沫，往往比单纯的房价涨跌的地产泡沫更可怕。

三是中国楼市面临沉重的去库存压力，涉房政策处理不慎可能带来多米诺骨牌式的政策后果。中国楼市的库存不是 7 亿平方米的待售，而是将近 50 亿平方米，至少需要 3～4 年的艰难去库存阶段，因此涉房政策调整必须服从去库存这个严峻现实。目前争议较多的是房产税是否应加速推出以抑制地产泡沫？我们对此持否定态度。原因一在于房产税属持有环节的税收，即便只有 0.5％的税率，也意味着以 70 年产权计,房产税使房产市值的 35％将转为政府税收收入,考虑到目前中国大约仅 2％的租金房价比,房产税显然将立即对房价构成沉重压力。原因二在于巨大库存和房价下跌并存,可能挑战金融行业的风险管理逻辑。估计中国个人住房抵押贷款、房企开发贷款、公积金贷款等余额以及非银行金融机构的涉房金融余额,累计大约在 35 万亿～40 万亿元,占据中国金融业业务比例约 20％～25％。不仅如此,金融风险管理的逻辑在于抵押物,几乎所有抵押物都是土地厂房等不动产,商品房价格的下跌势必也拖累工业用地和产业地产的下跌,从而使金融机构的抵押物整体缩水,这有可能动摇其风险管理的逻辑根基。原因三在于,根据国家统计局的多次抽样调查,中国城镇居民约 60％～70％的家庭财产为住宅,房价下跌有可能使中产阶级家庭财产显著缩水。因此在楼市去库存化问题解决之前,不应使用制造问题或者使问题复杂化的方式,来作为解决问题的答案。楼市去库存目标完成之后,包括房产税等涉房政策调整的时机才逐渐成熟。

中国楼市从 2014 年第四季度延续至今的价格升势,从全球范畴看并不令人意外,也不是中国政府目前的涉房政策产生偏差或失误所致,而是钱太多太便宜,加之实业盈利太难所致。考虑到中国楼市库存庞大,因此现阶段仍宜以疏浚大城市功能和人口、限制地王现象、加速完善个人所得税、尝试开征遗产税、调整交易环节税费等手段,来尽量管控楼市泡沫,不应低估去库存目标达成之前,房产税等措施的巨大市场杀伤力。

10. 在迷恋分享经济等新词汇之际,切勿忘记其依托于法治和分工的本质

现在分享经济、零边际成本社会、数字地球等各种与互联网相关的新颖词汇不断涌现,我无意否定互联网对人类发展的近乎颠覆性的重大意义,而新词汇的本质往往是老办法。所谓分享经济的本质究竟是什么?让我们看看百年前政治经济学家巴师夏在《和谐经济论》一书中的一段描述:每天清晨,你起床、穿衣,吃面包、鸡蛋、咖啡,然后穿上皮鞋出门,走在有路灯的马路上,准备开始一天的工作。巴师夏

指出，其实房子不是你盖的，衣服不是你种棉、纺织、裁剪的，面包、鸡蛋、咖啡不是你耕作、饲养、加工的，皮鞋不是你做的，路灯不是你安装的，马路也不是你铺设的。你所享用的这一切，仅仅是因为你认真做好了你的那一份工作而已。百年前的这种描述，清楚地说出了，工业革命创造巨大财富的奥秘可能在于法治和分工。复杂的产品和服务被分解为标准件、工序和流程，使得每个劳动者可以专注精细，不用承担过于复杂艰辛的劳动。但分工带来分享的同时，也带来了相互依赖和怀疑，你会怀疑房屋会否倒塌，食品是否安全，交通是否顺畅安全，因此因城市化、工业化而集聚的人群，对契约精神的要求得以凸显，而良好的法治是保证合约诚实制定、履行和违约会得到处分的决定性力量。经济学家中也流传着"一支铅笔的故事"，它用和巴师夏如出一辙的逻辑，显示了脱离分工和法治，在聪明的现代人，终其一生的劳动，甚至不能生产一支铅笔、一枚缝衣针。据此，我们可以将其和分析经济新鲜词做比较。

一是分享经济的本质可能在于分工的细化和产业链的减法型重组。互联网技术、金融手段等因素使得和分享相关的产品和服务更便利化。你使用 Airbnb 租房和 Uber 打车等，本质上它们仍然是住宿和出行服务，但分享改变了财富存量的配置和财富增量的提供方式。例如 Airbnb 模糊了个人住宅和共有住宅、住宅和酒店之间的产权边界，专车 App 模糊了私家车、汽车租赁和营运车辆之间的产权边界，这是对既有财富存量的优化配置。同样，这种存量配置的改变也会带来增量财富提供方式的变化，例如仅基于出行代步需求的职能汽车，很可能小型化、无人化和分享化，这和新一代特斯拉宽大笨重的取向很可能相反。但分享一定是基于分工。

二是分享经济的保障可能在于合约的复杂化和多方化。更细致的分工必然带来的结果，是消费者最终享用到的商品和服务，从生产、销售、推广、营销、物流、售后等诸多环节，纵横交错地涉及一系列的供应商和不同产业，使得在消费端看来，一个异常便捷的商品和服务消费，其全过程的合约变得复杂化和多方化，即合约不再是甲乙两方，而是牵涉平台甚至网络的多方，这必然使得合约从订立、执行、纠纷、处分变得更为复杂和困难。同时也意味着消费者权益的保护更困难。如果司法体系没有同步跟进,那么分享经济就可能不会太有序。我们之所以要做这样的分解,就在于期待,面对一个分享经济的新词汇,也许政府需要做的是如何推动和应对分工细化和合约复杂化的治理挑战。新经济走得多快速顺畅,往往在于其和传统经济之间的落差如何有效弥合和对接。如果在政策层面也是热议新词汇,而不是重视社会分工和法治到位,再多的新词汇恐怕也只是喧嚣。

三是如果我们喜欢分享经济等庞大的新词汇,那么我们也许需要意识到,未来的互联网及互联网等所构成的数字地球,必然是基于实名的多层复杂网络,其极端有序性天然地排斥一切匿名节点和连接。在此不赘述。落实到政策层面,我们需要关注,银行卡、支付宝或者微信支付等第三方支付账号、微信号、SIM 卡、市民卡、快递包裹等,几乎都起码需要具备可留痕、可追溯的实名机制。甚至在我看来,未来电信企业接受一定程度的金融监管并非天方夜谭,一个安全可控的可能涉及广泛隐私信息的庞大国民数据库也不是天方夜谭。

这些都需要我们谨慎应对。如果我们不能将新词汇解剖为基于已有概念的重构,那么面对各种新东西,政策层面就难以应变。

中国正处于和平崛起和实现伟大复兴中国梦的关键十年,其并不存在所谓的中等收入陷阱之类的威胁,中国的传统文化和国民性格决定了中国未来社会文明程度很可能和日韩类似。环顾全球,除北美之外,以中国为重心的东亚可能是全球安全动荡和经济低迷中的另一个避风良港。中国需要成熟安全的竞争压力,需要维持相对中高速的增长,需要政府体系继续维持在改革开放中的良好运行,需要极其关注收入分配、实体经济和教育体制等问题。如果中国能解决好自己的内部问题,不要去轻易犯下明显的政策失误,那么,中国方案才能为国际社会所认知,中国故事远未结束。

2016 年中国经济转型需"咬弹"精神

回顾次贷危机以来的中国经济增长,除了增速缓慢下行,进入新常态之外,其中比较引人注目的救市举措有两次,一次针对实体经济,一次针对虚拟经济,但都争议不少。这显示出要从增长理念、方式和质量上告别旧冲动,转向新常态的艰难。遥看未来两年,中国经济增长转型还需要坚忍的"咬弹"精神。这是一种在战争中对受伤士兵施行外科手术时,因为缺少麻药,而不得不让士兵用牙齿咬住一颗子弹来忍耐痛苦的决绝之举。

一次救市是次贷危机后的 4 万亿元刺激计划。如果说当时其中一些针对社会保障和基础设施的危机应对投资是可取的话,则该刺激计划中,用以扩大产能的部分则代价甚大。它带来了更为严峻的产能过剩问题,同时也未能阻止中国外需型增长的日益困窘,中国经常项目顺差对 GDP 的占比不断收缩,同时大多数列入振兴规划的产业现状也更严峻。

另一次救市是 2015 年 6 月底的 A 股动荡,当时 A 股走势险象环生,并且有可能外溢到债权市场,并令国际社会对中国资本市场发生了什么产生错愕。为防范股市酿成系统性风险,主要通过证金公司推进的救市措施随之推出,大致耗资 2 万亿元。仅就防范系统性风险而言,救市的初衷大体达成,但代价也不小,从事后反思,20 多万亿元资金流动性流入股市,加上共同推动的牛市,可能在将来也值得斟酌反思。

看起来,在经历了针对实体经济、针对虚拟经济的分别救市之后,2015 年 7 月末和 8 月初,中央开始确立腾笼换鸟、凤凰涅槃的决心。此后对 A 股的下跌不再过多干预,对人民币汇率坚定市场化改革,这也许暗示了在未来数年,即便中国经济增速有所下行,期待政府大规模干预救市,也已很不现实。

从当下看 2016 年的中国经济增长,投资领域、房地产业和工业投资相对平稳,但作为稳增长措施推出的基建投资很难再加码,基建投资增速可能从 2015 年的 18% 略微下行到 12%～15%,使得投资增速处于 10%～12% 的大致区间;在工业领域,去产能化使工业增加值和利润总额大致平稳,财务成本的下降和 PPI 的改善则使工业企业利润率有所改善。在消费领域,因缺乏明显的消费热点,使消费增速仍在 11%,故而 2016 年中国经济增速仍有可能继续温和下行 0.2 个百分点。考虑到"十三五"规划和党的五中全会精神,未来五年中国经济增速平台不会低于 6.5%,看起来未来两年将形成中国经济下滑的中期底部。

在过去的 3 年,一些企业倒闭了,在未来的数年,长期转型之痛会更尖锐地在实体和金融层面暴露。财政政策、货币政策甚至稳增长政策本身,都并不能改善资源配置效率,因此很可能都只是缓解转型痛苦,延缓转型周期的麻药。

从救市看,不让市场自我出清,市场在资源配置中的决定性作用就无从发挥,凤凰涅槃传递的是一种置之死地而后生的信号。由是观之,未来两年,中国经济将加速探底,但不会跌入深渊,中国转型需要"咬弹"精神,稳增长的麻药或将有所收敛,2016 年也许是悲观情绪宣泄最为激烈的一年,这是转型之痛无法回避的必然。

新常态和经济长期趋势线

不仅中国经济,全球经济也处于新常态之中,对中国而言,新常态意味着向创新和质量要增长,以往人们习惯的统计数据,可能需要重新确立趋势线,并重新确立数据之间的轻重次序。我们可以用索洛剩余来说明新常态下的新趋势线的形成。索洛剩余是指除劳动和资本投资贡献外,由综合要素生产率带来的产能的增长。

经济增速＝索洛剩余＋人力资源投入＋资本投入

第一,我们可以将中国经济增长轨迹分为两个阶段,一是主要依赖人力资源和资本等要素投入增长的阶段,可称为经济增长;二是主要依赖索洛剩余为动力的阶段,可称为经济发展。而新常态就是从经济增长走向经济发展。通过是否追求索洛剩余,我们不难看出,欧美的量宽操作有助于增长转型,而安倍新政则是边际效应急剧衰减的货币幻觉。以欧盟和日本做简单对比,量宽货币政策实施至今,欧盟的财政赤字和贸易赤字明显改善,但仍有约 10％的失业率;而日本则财政赤字和贸易赤字显著恶化,每年仍有约 50 万人的就业缺口。日本的关键问题在于增长潜力的耗尽。

第二,我们必须逐渐适应,经济新常态意味着,增长趋势线的新旧转换及期间的巨大落差。过去十多年,以年均增速而言,投资为约 20％,外贸为约 21％,工业增加值为约 15％,消费为约 16％,这样的统计时序将有巨大变轨。如果看 2015—2020 年间新的趋势线,投资和消费增长很可能均为约 10％～12％,工业增加值和外贸均在 5％～8％。人们期待第三产业和消费在驱动经济增长方面发挥日益重要的作用,但从数据变动看,看到的很可能并非消费和服务增速的显著提速,而是投资和工业增速的显著下行。从 2013 年开始,这种变轨已在发生。

第三,这个等式提醒我们,以要素投入为主观察经济增速过时了! 同时我们也需要重新定义什么是新常态下的增速和通胀。我们需要习惯中国经济增速从 10％到约 6％的巨大变轨。而以 CPI 同比来衡量,则从过去 3％～5％下移至 1％～3％。纠结之处在于新常态下的增速有可能处于怎样的水平? 可以回顾的例子有两个,一个例子是美国经济增速,其长期趋势线为 3.2％,从 2001 年美国 GDP 超越 10 万亿美元之后,其增速更加迟缓。即便在克林顿“令人惊艳”的十年,GDP 年均增速也仅 4％。另一个例子是日本,20 世纪 80 年代到 90 年代,日本经济增速从 6.5％下行到 1.8％,物价从低位通胀走向通缩。中国的 GDP 在 2015 年也越过了 10 万亿美元。人类迄今为止,还没有哪个经济体在超越这个体量后,能将长期增速维持在 4％的水平。目前通常接受的中国新常态下的增速为 6％～6.5％,尽管从人均 GDP 和榨取索洛剩余来看,中国仍有巨大潜力,但无论如何 6％～6.5％的增速很可能是令人敬畏的超高速,而非中高速。要将投资、服务业和消费增速的长期轨迹维持在 10％以上,殊非易事。

第四,随着新常态下增长和通胀重新确立长期趋势线,货币供应量也必将发生相应变化。较高的 M2/GDP,以及以房改、医改等引领的货币化进程的放缓,显示中国货币供应量充沛。过去 10 年,中国 M2 增速在约 18％,国际收支顺差和基础货币增长也较快。随着投资和工业增速的下移,在 2014 年 7 月份,各口径货币供应量和社会直接融资总额的增速也出现变轨迹象,2015—2020 年 M2 的增速可能逐步回落到约 10％,国际收支和汇率渐趋平衡,基础货币增长将十分迟缓。

第五,新常态也提醒我们,以货币供应量、外汇占款和社会直接融资额等观察流动性是否充沛的思维定式,可能逐步过时了。我们不应在新常态阶段,还从作为央行负债端的货币供应量来观察，而应从作为央行资产端的信用总量和价格来观察。和经济运行相匹配的流动性是否充裕，主要应观察信用利差和无风险利率，货币政策主要影响无风险利率，而非信用利差。新常态下无风险利率必然将逐步下行，并和中国的长期核心通胀保持一致，目前较高的无风险利率是受到利率市场化和互联网金融的扰动冲击。信用利差则主要取决于实体经济经过风险调整的资本收益率，在实体经济没有达到再平衡之前，产业资本收益率也难确立新趋势，除非我们采用加杠杆和分担风险的方式令之强行改变。在不长于 2 年的时间内，人们将不会再频繁地关注货币供应量，而是会更关注融资价格和无风险利率，我们期待无风险利率在 2015 年加速下行，而信用利差则仍在艰难挣扎之中。

新常态下，中国宏观经济数据将确立新趋势，我们似乎还没有为接受数据大变轨做好足够心理准备。

中国经济新常态和全球工业 4.0

一个企业不会输在它的起跑线,当然一个优秀的企业也不会输在它的终点线,因为优秀的企业永远在路上,没有终点。企业成长的关键就在于,在面临每一次重大转折的时候,是不是感受到了危机,是不是抓住了机遇。本文主要是对中国经济2016年及未来五六年的时间和更长时间的理解,加上对我们现在所面临这个伟大时代的理解。

1. 时代背景及意义

首先向大家汇报的是以下三点:

一是中国梦,请诸位一定要理解中国梦对中国的重大意义,差不多在 2020 年前后,中国将成为一个发达国家;在 2050 年前后,中国的 GDP 可能比美国高20％～30％。尽管那个时候中国的人均 GDP 仍然只有美国的大约 40％,但到2050 年,中国整个的经济体量明显比美国大,这就是我们所面临的中国梦的未来。

二是我们已经生活在一个平行世界当中,我们既生活在由我们人类生物多样性、自然等所构成的一个真实的地球当中,同时我们也生活在工业 4.0、互联网正在逐渐构建的数字地球当中。而后者对我们的创造力、对我们的成长、对我们的创业可能具有更加决定性的意义。

三是我们必须看到企业未来的利润和成长的源泉在哪里，我这里特指的是中国。第一种价值的源泉是市场透明度的红利。即从非公众公司走向公众公司，市场给予你机会，给予你约束，给予你非常强的竞争压力。所以如果市场机制使得我们的公司能成为公众公司的话，你将获得巨大的红利。第二种价值的源泉是所有制的红利。这来源于我们所处的国家还是一个以公有制为基本制度的国家，大量的国有企业未来会通过党的十八届三中全会所决定的混合所有制的改革，逐步地成为国有资本的投资平台、运营平台以及实体机构等，但总体而言私人资本的重要性在上升。目前这个所有制红利的盛宴还没有展开。第三种价值的源泉我们称为梦想的红利。我们正在建构一个数字地球，在过去的 25 年，互联网业界其实是作为互联网的基础设施的投资，而未来长达 25 年甚至更长的时间里，我们是在做互联网对传统产业的应用、改造的投资。在这个过程当中，人类有无限的创新和梦想，这种创新给我们所带来的收益也会集中体现出来。

在今后中国梦践行的过程中，我们的价值创造和利润的源泉主要来自于市场给予我们的透明度的红利，混合所有制改革给予我们所有制的红利，以及我们勇于梦想和勇于创新给我们带来的创新和梦想的红利。处于这样一个关键的时刻，我们不应该再悲观。

2. 对于中国的经济转型的一些基本理解

2015 年中国经济最后一次见到 7％的增长，也许在告别 2015 年之后，我们很难再见到 7％或者高于 7％的增长，那是不是意味着中国经济特别悲观呢？不是的。差不多从 2016 年到 2020 年，中国的平均经济增速仍然有 6.5％到 7％，这是受多方面因素制约的。

就现在而言，2016 年第一季度有很多人非常悲观，悲观有什么理由呢？我们能不能看到一些积极的因素？有的，这些积极的因素是多方面的。

考虑到"十三五"期间中国经济增长即将迎来一个结结实实的、大家都认可的底部,考虑到我们猜测大约在2014年第二季度中国的实体经济已经度过了最困难的时刻,我希望诸位对未来充满信心和乐观,而没有必要唉声叹气、怨天尤人,这种情绪完全是多余的。我们应该鼓足勇气往前走。

每一次成功的经济增长的转型,都能够给我们带来巨大的机会。

我们即将要告别过去最艰难的时刻,中国未来能有多样化的创新渠道,也能有转型成功之后债务链问题的逐渐缓解和资产价格的稳步上升。

3. 工业4.0:一场伟大而持续的革命

我们可以看到这个时代的变迁,最简单的现象就是一个后喻时代出现了。所谓后喻时代,就是在互联网和工业4.0之前,我们的学习方式是长者教育年轻人,我们从经验和错误中学习;现在时代改变了,我们变成了从实时大数据当中修正和学习,从多场景的搜索引擎当中去学习,所以前喻时代变成了后喻时代,师傅向徒弟传授知识变成了年轻人之间的自我学习和相互学习。

工业4.0带来的动力结构是怎么样的呢?其实有三重结构。第一个是工业本身的发展。第二个是如果工业要发展了,同时也伴随着城市化的进程。第三,当没有血缘关系、姻亲关系的人分工合作的时候,也一定意味着交易制度、合约制度、法律制度的完善,也就是市场经济。所以在改革开放将近40年来,驱动中国经济增长的长周期引擎就是工业化、城市化和市场化,这三种驱动力是相互融合的。

它将会怎么样影响我们未来的实体经济的发展呢?

基础设施领域:基础设施的智能化和网络化。

能源领域革命:从化石能源走向低碳、智慧共储的世界。

信息通信领域:从电话到雷达,从互联网到虚拟世界。

制造业领域:流水线供给驱动向伪个性需求驱动的进化。

材料领域:人造复合材料日益取代天然材料。

医疗健康领域：基因优序和数字人。

消费领域：从电商平台到配对交易。

教育领域：从师徒前喻转向自我学习后喻。

军事领域：传统军事冲突可能向海空天一体化发展。

首先，大家应放下悲观，因为中国在"十三五"期间将能够迎来一个显著的、大家都能看到的经济复苏的历程，我们现在已经非常接近经济增长的底部形态。其次，企业得抓住红利的源泉，就是创新的红利、所有制的红利以及公司更透明的红利。最后，我们必须认知到我们其实活在一个真实的地球和数字的地球这两个平行的世界当中，我们将大有作为的、有更大创造财富的机会在后一种地球当中，而不在前一种地球当中。

补足有效供给的"短板"

近期，供给侧改革在中国变得非常热门，这让我比较困惑，原因在于我不懂供给侧改革的基本经济理论。经济学有一个学派，叫作供给学派，主要政策主张似乎是减税。经济史上人们有时候也把撒切尔的私有化改革或者同期的里根主义，称为以供给学派为根基的改革，但这两位的改革和供给学派究竟有没有关系？我也不太了解。

从中国提出供给侧改革思路的表述来看，似乎说的是，中国内需市场是广阔的，之所以需求释放不强劲，在于切合市场的有效供给不足，而偏离甚至有悖市场的无效供给多了一些。由此观之，供给侧改革似乎在于，通过改革让政府和企业多提供契合消费者需求，适销对路的产品和服务。

这种尝试，在经济学史上也不是没有发生过，大约在80年前，人们曾经围绕着可计算的市场经济展开过争论，在电子计算机问世后，这个争论短暂地复活过一次。争论大概的核心，就在于一些经济学家认为，凭借先进的计算技术和海量数据，人们也许可以计算出商品和服务的大致价格。如果市场经济是可计算的，那么计划经济看起来就不那么荒唐，因为青睐计划经济的国家，完全可以自上而下地通过机制设计，来实现既能克服市场供求失衡和经济周期的缺陷，又能有序高效配置资源的计划经济。但这些尝试无论在理论还是实践上都失败了。

中国通过顶层设计的供给侧改革，究竟包含怎样的理论和实践？我们也许可以从草根的角度，从自下而上仰视的角度，去观察如何突破供给侧改革。宏大的事情我们不说，只是从身边的点滴事情说起，中国普通民众迫切需要的点滴需求是什么？

一是空气，清洁的、可以放心呼吸的空气。从北京奥运会到现在也就仅仅七八年，全国人民都在关注雾霾。不能说治理雾霾的努力不够，但空气质量的改善仍然是迟缓的，人们仍然需要期待风来。为什么难以对付雾霾？如何给国民供给清洁的空气和水，可能是每个国民都充满无力感又十分关注的事情。这个供给侧改革搞好了，淘宝上才不至于热销外国的空气。

二是食品。其中一个焦点是转基因和非转基因的争论，据说央视的一位名嘴还和一名网络斗士因此产生了诉讼，诉讼的结果似乎在云山雾罩中。中国食品安全问题之严峻，已迫使中国许多民众成为业余化学家。但毕竟基因工程是相当复杂的科技，人们说不清转基因到底对人类是好事还是坏事。至少在北美地区，类似面包等主食不得使用转基因粮食制作，学生营养餐也不允许包含转基因食品。似乎在中国也并没有允许大规模商业化使用转基因的法律规定。但公众仍然相当困惑，抛开转基因是安全还是不安全的争论不说，能不能出台转基因食品的强制标识制度？让消费者购买的时候能有明确清晰的选择，保守胆小害怕的，可以安全地选择非转基因食品；无畏地拥抱赞美科学的，可以大胆地使用价廉味美的转基因食品，岂不是皆大欢喜？

三是医保。人总是会生病，也会去看医生，但在人口老龄化，医疗资源供求矛盾日益突出的现状下，我们还是不难观察到许多奇怪的现象，例如职工医疗保险中，据说个人缴纳的部分，可以用医保卡提取使用。我常在药店看到持医保卡去购买生活日用品的普通职工。这让我非常困惑，如此碎片化的细节，将几乎全部医保义务都推向了政府兜底、医护人员过分劳作甚至逐渐失去从业尊严的格局，能维持得下去吗？是不是还是应该严肃一点，让医保卡由政府、企业和个人共同付费维持；务实一点，推动分级分诊，让国民从生病才治疗到以日常预防为主；多管齐下一点,让政府强制医保和商业医保并举? 医保改革为什么日益短期化、碎片化和行政化? 老有所医靠得住吗?

从雾霾到转基因,再到医保卡改革……中国民众强烈的、强劲的、有效的需求,仍然值得用大道理去认真讨论一下。普通民众日常最关心的,抱怨得最多的,矛盾越频繁的领域,就越是有效供给的短板,而这些短板要补足补长,却往往很困难。经济改革没有四两拨千斤式的,或是灵机一动的巧改革,要拆除供给侧改革的"围墙",也许需要向民众多倾听,需要真情怀和笨功夫。

改革几乎是中国经济的宿命

当下，人们对深改的预期日益强烈时，可能会怀念那位闯地雷阵的强势总理朱镕基，想念他雷厉风行的经济体制改革。30多年来，改革对中国经济的前途而言，几乎是宿命，甚至是一种缘木求鱼的奇特宿命。深刻剖析朱镕基改革，我不够格，但也许可以较为另类的方式，用少许剖面，去回顾那段跨越1993—2002年的改革历程。

第一，清理三角债的挫折。其实，清理三角债在1991年和1993年各有1次，强行注入的资金不少，中央和地方政府下的决心和付出的代价也不小，结果却令人沮丧。可见在经济低迷时，试图清理有毒资产，哪怕有再大的毅力，也可能越清越多。当下中国，也需要相对宽松的财政货币政策，守住不发生系统性风险的底线，封闭有毒资产，等经济企稳甚至重新进入繁荣周期之后，再回头清理有毒资产也不迟。

中国当下也同样面临严峻的债务问题，真实的债务压力在2015年下半年才得到真正的重视。标志性的事件是，2015年下半年开始，中国政府迅速扩大了对地方存量债务置换的规模和节奏。而在2011—2014年中国经济明显下行时，利率市场化和影子银行系统甚至还在整体推高中国债务成本。在2016年中国政府能做的是对地方政府债务和银行长期信贷资产进行操作，放长久期和降低利率，使中国巨额债务的雪球滚动起来慢一些、容易一些。从 2011 年拖延到 2015 年下半年,中国政府对其自身债务问题的认识,和朱镕基时期清理三角债的节奏,差不多同样迟缓。看起来中国巨债仍处于可控状态。

第二,汇率双轨制的合并。从 1994 年年初开始,朱镕基合并了人民币多重汇率并行的尴尬局面,并令汇率重估一次到位,这次改动比 2005 年 7 月和 2015 年 8 月的汇改动静大得多。但无须讳言,1994 年之后,原本相对市场化运行的外汇调剂市场陆续关闭,仅存中国外汇交易中心;银行以及外资外贸企业的外汇,通过强制结售汇制度,迅速向央行集中,中央政府积累外汇储备和调节汇率的能力空前强化。1994 年汇率并轨和金融学的汇率市场化差异巨大。幸运的是,亚洲金融危机时,强行积累的外汇储备和汇率干预,可能在一定程度上,让中国应对外部冲击的底牌更多。

当下中国也在试图处理汇率问题。朱镕基时期做的汇率并轨无疑是正确的,但其强制结售汇制度本质上来说,是一种集汇于官而非藏汇于民的逆市场尝试。尝试的结果是,私人部门的外汇迅速集中转换为官方外汇储备。当下中国央行对人民币尝试市场化重估的努力无疑是必要的。这推动汇率信号顺从市场,推动汇率重估有利于实体经济,也使未来人民币国际化建立在相对正确的汇率信号之上。中国央行仍然具有全球最雄厚的外汇储备,离岸与在岸之间仍远未形成规模化的汇率套利渠道,而离岸人民币规模实际上在不断收缩而非扩张。但 2015 年 8 月 11 日至今,人民币汇率十分有限的波动仍然引发了夸张的轩然大波。这显示国内外投资者对 2005 年 7 月汇改以来人民币汇率的依赖惯性和浮动恐惧,以及对中国央行过分承诺的非理性期待。由于错过了次贷危机之后的贬值良机,由于在此后全球量宽模式中实际有效汇率的持续偏离,市场必须接受人民币逐渐重估和浮动的进程,除此之外并无出路。

第三,财税改革、分税制带来的财力集中和地方削弱。王丙乾在财政部任职时期,中国财政到了相当羸弱的状态,以至于王部长有了重振财政的呼吁。1994 年年初,财税改革迅速启动,财政包干制被打破。事后看,这次税改,一是 GDP 蛋糕中，政府财政的汲取能力大为增强，财政收支占 GDP 比重的持续攀升一直维持到金人庆任职时期。二是财力上收，事权下放，使地方向中央的讨价还价能力大为弱化，财政转移支付日益重要。三是初步厘清了税、费、债的框架，以及国税和地税两大体系。这种集中财力，加重税负，削弱地方的做法，在推进过程中，会被多大程度上视作市场化改革呢？事后看，该框架的确立，对后续经济体制改革有非凡意义，例如重大基础设施的落地和城镇职工社会保障体系的完善，都需要强大的中央财政作后盾。

当下中国财政问题仍然积重难返，并且财税体制改革总体上不能令人满意。原因十分简单，不仅地方政府基本失去了全部税收源泉，并且税制改革本身也没有顺应未来中国经济增长转型的必然趋势。朱镕基的财税改革一举摆脱了中国走向某种程度的财政联邦制的可能性，使财税收入迅速向中央集中，财政收入对 GDP 的占比不断上升。最大优点在于避免了中央财政的破产，最大缺陷在于强化了财力上收，事权下放。幸运的是，1998 年之后，地方政府很快寻找到了土地财政的妙手，掩盖了朱镕基财税改革的缺陷。次贷危机至今，随着楼市供求失衡和土地财政的枯竭，地方财政危机逐渐爆发，约 20 万亿元巨额地方债务本身就是对上一轮财税改革的反讽。应当警惕的是，当下仍有对扩大财政刺激的期待。如果按 3% 的赤字率扩张五年，到 2020 年中国赤字负担率应该和欧债危机中的"欧猪五国"持平了。而无论是之后的哪种政策刺激，次贷危机以来的轨迹已明显提示了稳增长除了催生严重产能过剩和资源不当配置之外，也对增长转型产生了严重制约。现在中国财政仍应侧重重建，而不是赤字刺激。尽管地方债务在重新置换之中，但地方必须有自己可靠的税源；中央和地方必须整合碎片化的社会保障体系，并将保障水平维持在和国力相称的水平；未来政府税收的主体必须从企业生产转向居民消费，从流转税转向所得税。现在离形成适应未来中国经济增长趋势的财税框架，还相距十分遥远。

第四，国企脱困战。现在看这是一场悲壮的反复撞南墙式的举动，而不能从一开始就冠以改革之实。国企逐渐进入困境，是 1995 年之后，1996 年山东诸城对国有小企业进行了以卖为主的彻底改革，出了个"陈卖光"书记，对以产权制度变革为核心的诸城经验，决策层有鼓励，也有不能一卖了之的暧昧。随后1998—2000年的国企三年脱困战，是一场艰巨的关停并转去产能之战，下岗待业去冗员，银行大量贷款注入，一心想要把国有企业尽量搞好的尝试，付出了重大社会、经济、金融代价的脱困战最终无路可走，只能走向市场。它催生了中国特色的产权交易市场，加速了社会保障体系的建设，同时也催生了国有资产管理体制的改革。在1995年就突破性地提出了社会主义市场经济，而随后5年国企挣扎在生死线之际，从脱困战到市场化仍经历了沉重的代价、漫长的痛苦进程，20世纪50年代出生的这一代必会因其一生中的重重坎坷而刻骨铭心。以此为鉴，当下缺乏强烈危机感，缺乏深刻共识的国企改革，也必然会在重雷区中，艰难撞冰，再图破冰。

当下国企改革仍然十分晦涩。朱镕基式的改革在2003年开始取得一些成效，但随后形势急转直下。2004—2007年，中国经历了温和的国进民退进程，李融荣很快被迫放弃了将央企整合家数的初衷。2008—2012年，中国经历了急剧的国进民退进程，主因是实际高达9万亿元的刺激计划。资源低效配置和产能过剩全面形成。我已多次撰文强调，逃离了三个起码常识的国企改革，都是假改。一是卖，也就是大部分国企必须加速私有化；二是放，也就是大多数禁止私人资本进入的行业必须放开；三是管，也就是必须采取多种股权激励方式，使国企管理层具有正向的市场激励。现在这三点在国企改革中都不明显，相反，去产能化、政府采购、PPP等都似乎在形成新一轮潜在的国进民退，去产能化可能优先被去化的是私企或者地方国企，大央企却更大；政府采购和PPP都变相成为地方政府和国有企业之间的合作，政府官员非常害怕和私营企业打交道，怕被扣上利益输送之类说不清的麻烦。人们观察到的国企和私企之间的鸿沟并不是在弱化，而是在加深；国企治理并不是在市场化，而确实是党在领导一切。

第五，中国加入WTO之旅，谈判当然曲折，中央部委和地方观点杂陈甚至尖锐冲突，斥责加入WTO为卖国行为的声音也不少见。如果总是要强调重大改革需要成熟的时机，那么2001年，中国经济增长低迷，企业亏损面广，银行体系岌岌可危,加入 WTO 的条件恐怕基本不具备。但事实上,朱镕基顶住了巨大压力,正是中国入世,使中国抓住了次贷危机之前最后一个外向型发展的窗口期,开放的压力也带来了改革的动力。对中国而言,任何时候进行方向正确的改革,都是必要的,不应以条件成熟预期作为回避、推迟改革的借口。

当下中国不再拥有加入 WTO 那样的外部刺激,相反,对中国模式的自信在膨胀。中国政府似乎并没有充分证明其向国民提供良好的公共产品和服务的能力,人们对清洁的空气和水,对教育医疗和网络不畅的抱怨不断。这使人很难相信,中国有能力向国际社会提供更好的国际秩序以及更好的国际公共产品。不仅如此,中国对西方文明和价值观,对既有国际秩序和商业规则,对知识产权和跨国公司仍然缺乏足够的信任和拥抱,这和历史上曾经开放和多样化的中国也差距甚远。当下,一个更低迷的世界经济,一个倒退中的全球化进程,如果再加上一个致力于中国模式的内向性体系,都会让人更怀念 1991—2006 年那 16 年,因苏联解体而使开放共享的全球化迅速推进的 16 年。中国社会拥抱外部世界的期待和机会,比朱镕基时期要萎靡得多。

第六,银行股改上市。在朱镕基对中国经济体制进行大刀阔斧的手术中,金融体制改革似乎没有重大突破,除了 1994 年汇率并轨,1998 年设立央行大区行,和设立四大资产管理公司,同年开始,加速整顿"金融三乱",以及朱多次铁腕整顿股市之外,最重要的银行体制改革,大部分是在 2003 年温家宝的主持下,以背水一战的姿态,奇迹般地完成的。中国从 2003—2007 年的短短 5 年期间,将濒临崩溃的银行系统,改造为全球效率最高和最赚钱的、令人敬畏的银行体系。但即便这样化腐朽为神奇的改革,当年也脱不了铺天盖地的"银行贱卖论"的批评。

当下中国金融体系也在面临挑战。考虑到朱镕基时期银行业不良率一度高达 25%,因此未来数年中国银行业逐渐承受和处置至少 10 万亿元级的不良资产,是必要且难以避免的。而中国资本市场的情况则显示,其相比银行业是效率低下得令人吃惊。以 2015 年至今为例,股市的每次动荡都蒸发了数十万亿元的市值,尽管很难有好的方法来计算蒸发市值究竟意味着多少净资金投入的损失,但投资者的实际资金损失,应该远远大于同期股市的融资额、印花税、佣金等所有资本市场的收入项。至少近期中国股市并非在创造财富,而是在不断激起贪婪和恐惧,并成为中产阶级的绞肉机。看起来金融改革很难单兵突进,看起来朱镕基时代给我们留下的遗产是,必须先修复实体经济,然后才有修复金融体系的可能。而在金融发展中,银行业、货币市场和债权市场可能需要优先于权益市场获得发展。总体而言,当下中国银行业承受经济增长转型和失业浪潮冲击的能力,远远好于朱镕基时期。

回顾朱镕基时代的改革,遥远的事情令人容易美化;分析当下的改革,迟缓的事情因各种创新词汇而神化。当年朱式改革的初衷也许并非市场化取向,但在头破血流之后,仍然必须走到市场化之路上来。如果不做出这样的选择,经济就会走向生死存亡的关头。2011年以来中国经济的持续滑坡,以及党的十三届三中全会以来,政治生态权力集中化,社会目标全面小康化,意识形态儒释传统化,经济改革供给侧新常态化,这种四位一体的维持是十分艰难的。

改革对中国而言,甚至是一场生存或死亡的宿命。20年前朱镕基对经济体系的强力施政仍历历在目,如果我们较为理性地观察,其中许多所谓改革的初衷是倾尽全力地想让国有经济做优做强,甚至交织着普通职工和农民的巨大牺牲。苛刻一些说,相当多的改革一开始并非顺应市场,而是偏离甚至有悖市场的,政府有形之手一度无处不在。20年后再回顾,事情也许会被过度渲染和美化。照观当下,何尝不是如此。只要我们还走改革开放之路,还承认市场对资源配置的决定性作用,那么任何以市场之名行倒退之实的伪改革,如果不想付出局部或者系统坍塌的危险代价,最终必然将没有选择地走向真改革。

爱因斯坦说,有些人总是重复着同样的事情,却期待有不同的结果,这无异于精神错乱。回顾过去,没有必要掩饰朱镕基式改革中的进步、妥协甚至倒退。反思当下,也没有必要掩饰过去5年多来,中国实体和金融体系的持续恶化并无好转。人们期待改革必须有新鲜的、有生命力的政策付诸实践并取得实效,这个体制必须证实,而不是声称,谁是黑猫,谁是白猫。

出租车行业的没落：从专车看政府特许的荒诞

专车带来的冲击，绝不是出租车行业是否会衰落这么简单，也不是"黑车"永远不能成为"白车"那么愚蠢。人类将生活在物理地球和数字地球这两个平行世界，后者对我们更加重要。人类正在通过数字地球整合已有的人类财富存量，并推动其优化配置。

如果中国能在构建数字地球领域有更明确的战略，那么已有的社会、经济甚至政治生态，有可能大大得益于平等、开放、共享所带来的"盘活存量"，即将碎片化的人类文明财富予以系统整合。

近期，专车逐渐开始加速发展，引发了社会关注和争议，其未来演进可能如何？

1. 研究互联网经济的四种基本理论

需要理解的是，人类在构建除生物多样性构成的物理地球之外，还在加速构建以互联网为全球基础设施的数字地球，人类的基本生存对自然资源的需求有所减少，但对数字地球的依赖急剧增加。人类鲁宾孙式的生存日益为数字化生存所取代。这种平行世界的形成渐成趋势，数字地球决定国家的未来竞争命运。

经济学日益脱离实际而成为装饰性研究，其未来受到数学和物理学的急剧挤出。互联网的四种较重要的解释理论是：

（1）复杂网络系统

基本概念是节点、系统重要性节点、连接、幂律分布、鲁棒性（Robust 的音译）和脆弱性、标度和无标度空间等。①目前互联网经济的创新主要集中在无标度空间；②互联网使空间维度可能从 6 度降低至不足 4 度，因此从竞争走向垄断更迅速；③私人部门的开放共享，迫使政府治理必须走向同样的开放共享；④大城市和超大城市化，而非城镇化等。多主体交互经济学兴起，复杂网络系统使得互联网企业必须具备：分布式网络节点＋实时交互大数据＋集中后台调度。互联网经济的创新，即创造捷径连接。

（2）多边市场理论

传统的马歇尔供求均衡和瓦尔拉均衡都过于理想化和缺乏解释力。多边市场理论，俗称平台经济学，在中国主要从拉丰（Laffont）和让·梯若尔（Jean Tirole）相关著作的引入开始。作为重要的产业组织理论，平台经济学解释了交易必须通过平台进行，价格是相对价格结构而非绝对均衡价格，平台垄断非常复杂等。平台理论很好地解释了航空、通信、银行卡、操作系统等的运作原理。结合复杂网络和平台，我们可以看到，平台实际上是复杂网络系统中孤立地研究系统重要性节点的一个特例，它清晰地阐述了为什么消费者并不需要完全支付交易对价，例如广播电视的受众几乎不付费。几乎所有的互联网企业都在致力于构建平台，即让自身的节点成为系统重要性节点。

（3）分形几何理论

如果我们未能理解这个世界，是因为我们使用的尺度不正确。分形几何的基本概念包括自相似性、自仿射性、连续空间、分形元和分形维度。结合复杂网络和多边市场，我们惊讶地发现，如果打破节点不可微的思维惯性，分析构成节点的分形元，那么原来看似异质和不可加、不可比的节点，很大程度上是同质和可加的。分形让我们理解邮政系统和银行系统极其相似，而滴滴打车和专车之间，系统相似性质不大。所谓可复制的商业模式，无非就是分形的自我迭代。

(4)合约经济学

互联网的开放共享,使得人类的既有资源存量得到极大的优化配置,其根源在于互联网推动了新一轮的人类合作秩序的自发扩展和信用创造。从复杂网络、平台和分形看,可以概括为,相当多的经济活动领域,以前未曾被合约所覆盖,互联网创新令其逐渐出现了不完备的合约雏形,参与合约的多方不断调整其风险、收益和成本的关系,最终使得合约精细化和完备化,创新也就接近尾声。因此,我们无法在互联网创新处于不完备合约时,就要求合约尽可能地完备,合约完备需要生态链的演进,也可能遭遇合约的失败和消失。

2. 出租车行业，政府特许经营和专车

出租车行业本身并不需要政府特许专营。虎妞的车行和骆驼祥子拉车,似乎不需要政府特许。因此,出租车行业的政府特许,和该行业的"健康有序发展"几乎没有关系。但和盐铁论一样,政府特许专营给了政府行政许可创收的机会,而行业发展初期的竞争和无序也通常给予特许经营以极好的理由。时至今日,出租车由行业自律组织基本可以担负行业管理的职能,特许经营可能已有损于社会福利极大化。

西方出租车行业管理也具鲜明的政府特许特征,并且更为糟糕。例如美国、英国等国和中国香港地区等都不仅严格特许,且划区分车经营。深圳出租车管理曾一度学习香港,效果不佳,至今深圳仍有关内和关外两类出租车。日本略好,除职业特许牌照之外,还有每天运营时间较短的其他特许牌照,使部分老人和妇女能从事这一职业。但总体上,全球至今仍未能摆脱出租车政府专营特许的固定思维,尽管并没有证据证明特许经营有利于行业"健康有序发展"或消费者利益。

优步(UBER)和中国的各种专车 App 是类似的,但优步对消费者的服务,远不及滴滴或者神州等中国专车给消费者带来的便利。优步通常司机较懒惰,不主动联系乘客,且需乘客主动寻找司机所在。而中国类似专车的 App 设计上最大程度

地维护了乘客利益。优步在北美也和政府摩擦不断,甚至遭禁,但发展蓬勃。中国专车 App 的未来市值不会低于千亿美元。可以说,中国的专车发展尽管起步略晚,居民机动车普及率也不如欧美,但目前发展水平已较为成熟。

传统出租车行业,司机营运所得需覆盖个人薪酬、份子钱、油气、车辆耗损、特许经营权和出租车公司利润等项目。以北京为例,假定 1 辆出租车每年跑 9 万公里,营运收入约 22 万元,则其中出租车司机薪酬约 8 万元,汽油、天然气费用大约 4 万元,其余 10 万元缴纳公司(折合双班份子钱约每月 4400 元),细分这 10 万元,其中约 1 万元为司机"三险一金",2.5 万元为车辆损耗折旧和车险,其余为公司利税。

互联网专车行业,车辆分直营车和加盟车,神州车辆均为公司直营,司机所得为固薪+绩效+排名奖励,主要考核接单率。神州专车是从神州出租转型而来的专车 App,带有鲜明的出租车公司基因。滴滴专车大部分为加盟车,即经过培训之后的私家车和业余司机。滴滴旗下,大致是加盟车司机可获营业收入的 80%,加盟汽车经营租赁公司和滴滴公司各取 10%。比较出租车行业和专车行业,由于减少了政府特许专营和份子钱,专车司机的职业薪酬和劳动强度明显低一些,而毫无疑问,乘客使用专车的客户感受和评价,远远优于传统出租车。

3. 专车带来的冲击将使部长厉斥成笑柄

和优步在北美的命运类似,中国的各类专车也遭遇了巨大的挑战,其中,某交通部长说,永远不允许私车成为营运车辆,他也许因年迈而误解了历史长河中永远到底有多远;济南出现了司法判决,这会令做出这个判决的司法人员以后懊悔不已;而一些钓鱼执法在全国陆续出现,专车的产业链都是欣然的受益者,域外不相关方的有关部门,成为唯一显赫的施害者。可见在中国,创新不容易,做起来更不容易。

(1)碎片化的地球在加速整合。许多人会怀疑,为什么需要互联网、物联网、车联网？其实这些都只是数字地球的早期征兆,数字地球的本质在于将人类已创造的财富存量,放置在数字地球之中,以开放共享的方式,极大地改善人类福利。以复杂网络系统看,原有的出租车调度中心,并没有使出租车成为网络节点,滴滴打车也不具备复杂网络性,只是调度系统从人工转向数字化。但专车软件 App 使汽车互联,典型差异在于行程和支付均通过移动互联实现。车联网很可能以专车这种出乎意料的方式实现破冰。

(2)财产权利的分层。财产权是一组分层的权利结构。互联网所要求的开放共享,是推动财产权利从公共、私人两部门加速细化的进程。专车使得私家车、经营租赁车、出租车之间的界限逐渐模糊,这正是权利分层细化的结果。而数字地球导致权利模糊和分层化,突出地表现在云和大数据。合约创新就是在这种由模糊分层到清晰分层的过程。

(3)政府特许经营许可的弱化。在某些场景下,政府特许经营也许是必要的,例如医药行业。但在出租车行业,特许经营可能是多余的。专车可能会使出租车行业出现从业方式和人员的分流。特许价值的下降可能会带来出租车司机对份子钱日益强烈的不满,甚至导致出租车公司对特许经营分润机制的不满,最终导致出租车经营特许制度的弱化甚至崩溃。从这个意义上观察,专车可能最终使专车 App 公司和出租车行业协会走向法律诉讼,目前警察钓鱼执法是唯一的、缺乏介入专车民事活动的施害者。

(4)公共产品和私人产品的边界可能模糊化。这也是开放共享的互联网导致财产权利分层化的结果。典型的例子是,当年邮政以涉及国家安全和普遍服务为由,拒绝快递行业的民营化,结果顺丰等快递公司仍然快速发展。目前邮政在新疆、西藏等偏远地区仍属于政府公共服务而难以迅速市场化,但在市场容量足够大的其他地区,快递服务已完全可以由市场来提供。出租车行业也一样,从动态和互联网的角度看,未来公共交通是有可能由私人部门有效提供的。

(5)专车定价是复杂的、涉及生态链的结构。目前各类专车平台推出的豪华专车服务,其收费大致和普通出租车相同甚至略低,这令许多人怀疑专车 App 烧钱之后未来的定价模式,但对于熟悉多边市场理论者不会有此困惑。多边市场清晰解释了:在平台理论下,消费者支付的对价是极其有利的相对价格,甚至是免费的。例如银联在银行卡转接服务方面曾一度是全球最低价,但支付宝、微信支付迅速使转接收费为零,原因在于微信支付和支付宝都逐渐构建了复杂的生态链,最终消费者未必需要支付受马歇尔经济学下绝对供求均衡的价格水准。专车目前的生态链还在形成之中,汽车生产商、车载游戏娱乐商、汽车保险机构、互联网商旅机构等都可能逐步驻扎在此生态链上,从而使得乘客未必需要支付马歇尔经济学下,或者政府特许经营下的价格水平。

(6)专车是解决大城市交通拥堵的可能方向。解决大城市交通问题,无非是使超大城市被分割为卫星城;通过城市功能分区,使人流和物流尽量有序化、捷径化;增加路网密度和通行效率;在减少车辆的同时增加载客。而专车可能具有减少车辆和增加载客的潜力,在考虑到私家车载客和拼车等 App 不断涌现后尤其如此。同时,如果专车能加速车联网的成熟的话,则无人驾驶汽车将成为常态,其中就包含无人驾驶专车。这样道路通行效率将大为提高。从财产分层到车联网,新生时代购置私家车的愿望将明显降低。而目前的出租车行业将逐渐衰微或被迫转型。

(7)专车监管框架现在很难明确。创新就在于在没有合约的领域创造合约,并逐步推动不完备合约的完备化。甚至专车 App 机构也无法预测未来专车生态链会如何进化,相对价格结构会如何确定,甚至专业 App 本身也在分化:可能部分专车会走向中低端市场;部分专车走向经营性租赁和专车并举;也有一部分可能会为政府提供公务专车等。互联网专车合约完备化的进程,肯定比线下逐渐形成出租车政府特许专营要快得多,但根本不可能有一种有效的监管框架,能先于完备合约而出现。在此,可能对专车要求良好行为准则是唯一可行的方式,然后再通过个案诉讼逐渐完善合约构造。

总结专车带来的冲击,绝不是出租车行业是否会衰落这么简单,也不是"黑车"永远不能成为"白车"那么愚蠢。人类将生活在物理地球和数字地球这两个平行世界,后者对我们更加重要。人类正在通过数字地球整合已有的人类财富存量,并推动其优化配置。各国政府最终将意识到，数字地球才是人类最迫切想要拥有，同时也对政府治理挑战最强硬的全球基础设施。

现在，政府在呼吁"互联网＋"，而互联网开始冲击传统产业和政府利益时，政府未必会明确地对互联网说"是"，毕竟传统社会和经济结构惯性巨大。在并不遥远的未来，当互联网对政府说"是"的时候，很可能政府不再具有说"不"的权力和能力。

如果中国能在构建数字地球领域有更明确的战略，那么已有的社会、经济，甚至政治生态，有可能大大得益于平等、开放、共享所带来的"盘活存量"，即将碎片化的人类文明财富予以系统整合。

从马桶盖中隐含的常识看待供给侧管理

在过去的 10 年,最痛苦的生活是活在许小年的研究报告中。从《没有温度的高烧——评 2003 年的中国宏观经济》到《回到萨伊——评供给侧政策》,许教授一直对中国经济持批评和悲观的判断。许多判断不一定是对的,但悲观者的悲观在一片喧嚣之中有其独特的价值,因为许小年坚持了逻辑和常识。让我们从点滴小事,看看目前异常热闹的供给侧改革。

马桶盖回流。2015 年中国消费市场尚好,但出现了中国游客到日本旅游,大买马桶盖等原产于中国的商品。这让人不得不考虑,为什么中国消费者在充斥各种琳琅满目马桶盖的中国不买,而是要到日本去买?其中隐含的逻辑是什么?价格差异?品质差异?消费者信心的差异?在 2015 年,中国消费者在海外购买了超过万亿元人民币的类似马桶盖的各类商品。

苹果手机热卖。在苹果手机出现之前,智能手机市场已饱和且竞争激烈。但是谁都没有想到,苹果手机横空出世,引发持续热卖,同时也导致一些创新和竞争能力较弱的手机厂商被收购甚至出局。苹果手机不仅带来了全新的苹果公司,重新清洗了行业排序和生态链,同时也挖深了手机市场容量。这使得我们不得不考虑,什么是传统产业和产能过剩?什么是创新和转型?令人关注的是,目前苹果产品的销售也开始出现颓势。

日本的教训。据传日本著名经济学家青木昌彦一直非常关注中国经济，他在去世之前，特地致信其在中国的好友，传递其对中国经济政策的建议。从日本的经验和教训而言，日本增长转型不太成功，关键就在于偏重需求侧管理，总是试图刺激需求稳增长，最终耽搁了转型创新，也未能稳增长，滋生了沉重的政府债务包袱。青木建议中国应该更多关注供给侧改革，细节如何，坊间语焉不详。

也许是这些琐碎的小事，使得供给侧改革在中国大热。这些琐事与从宏观、学理层面理解供给侧改革大不同。供给侧改革和里根主义有关系吗？由于里根曾启用过一批供给学派的经济学家，所以人们很容易将供给侧改革和里根主义挂钩。许多研究认为，供给学派在 20 世纪 80 年代美国的实践并不成功，它带来了美国政府的债台高筑。后来美国经济学家曼昆曾公开批评供给学派以减税为核心的政策主张，是江湖术士式的不入流。

看起来还是回归琐事之中的常识，来观察供给政策的应有之义比较好。

青木昌彦在提醒什么？我们无从知晓，但很显然，从许小年式的逻辑看，刺激需求稳增长的宏观政策，无法改善资源配置，而是恰恰相反。也就是说，创新和转型是无法用货币政策的松紧或财政政策发力或减税来达成。宏观政策最多只是为转型创新提供一些环境与氛围，但基本上不可能改善资源配置和提高全要素生产率，反而有可能会付出加杠杆的代价。因此，强调供给侧政策，几乎意味着稳增长的需求政策，应该到了逐渐收敛，让市场出清的地步。

苹果手机在提醒什么？也许它在提醒我们，任何创新都是基于传统而不是颠覆传统。对苹果产品所涉及的技术创新的含金量，素来存在不同理解，但这不影响苹果产品创造的奇迹。当下苹果产品增势的放缓，恰恰也显示了创新红利的消退。对中国而言，先进制造、"互联网＋"等等，都有其价值，但我们转型创新的出发点，仍然无法脱离传统产业和既有产能。如果我们环视现代人工作和生活中所涉及的物品，其中 90％ 在 100 年前很可能都不存在，或者已深刻改观。什么是供给侧改革？从许小年式的逻辑看，就是回到萨伊，让创新供给自动地创造需求，就如同苹果手机的横空出世一样。

马桶盖在提醒着什么？消费环境给予消费者的信心,似乎比产品本身更重要。价格不是决定消费者保持消费热情的唯一因素,中国生产的马桶盖,通过怎样的品控、物流、商超、售后、税收环节,到达中国消费者手中,才能激发消费者的购买热情？中国实体经济的"综合体制运行成本"是不是过高？

悲观者的价值在于,从常识和逻辑出发,可以看到,并不存在四两拨千斤、牵一发而动全身的政策创新。所谓供给侧政策,最核心的内容大约是两部曲:首先是寻找到底哪些政府部门、产业和企业的要素配置效率是低效率的,停止对它们的持续输血,让这些部门能有序收缩甚至出局;其次在于回到萨伊,让有效供给能够在中国的经济制度土壤之上发芽壮大。天地不仁,向死而生,摆脱对包括贬值手段在内的货币政策,包括减税手段在内的财政政策的过高的持续依赖。任何不涉及要素配置效率改善的政策,无论命名其为需求侧、供给侧还是其他名词,都是对转型创新的虚与委蛇。

2016 年国人或将面临求职难、提薪难

2016 年中国经济面临"三去一降一补"的结构性改革,即经济运行去杠杆、工业去产能、楼市去库存、降实体经济融资成本、补供给侧和人力资源短板。总体来看,中国经济在"十三五"期间将经历艰难转型,国际社会将关注中国政府的宏大规划和增长承诺,并审慎地重新评估中国经济。

从 2011 年以来,中国经济持续下行,但就业状况无恙。也许在 2016 年,中国可能逐渐面临职位难求、薪酬难涨的持续压力。

为什么在 2011—2015 年这 5 年间,经济下行没有带来失业压力? 我们可以粗略观察劳动力市场的供求。

目前每年新增求职劳动力约 2000 万人,以下渠道吸纳了就业压力:一是离退休潮带来的劳动力更替。目前城镇职工数接近 4 亿人,如果没有明显的企业兼并重组破产,则每年可提供不低于 1000 万个就业岗位;二是劳动参与率的持续下滑。近 10 年来中国劳动参与率以每年 0.8 个百分点的速率下滑,其成因复杂,但很可能每年有约 500 万以上的 50~60 岁的劳动力退出了劳动力市场;三是大中专和高校毕业生的就业状况缺乏可靠数据。其中部分毕业生面临毕业即失业的困境,但这一群体的失业压力未被包括在失业率之内;四是就业结构的变化。从第一产业游离出来的劳动力,转移到了第二产业和第三产业,尤其是第三产业,服务业的发

展强有力地缓解了就业压力;五是社会保障体系的不断深化改革,使得失业带来的社会压力没有群体性地暴露。观察过去 5 年,就业市场中,最弱势的是高校毕业生和上了年纪的中年人;受欢迎的是教育程度较高的年轻农民工。

但 2016 年不同于过去 5 年,失业潮和降薪潮可能逐渐拉开序幕。为什么会这么说?

一是对严重过剩产能的定向爆破,将带来可以预料的失业压力。仅钢铁和煤炭两个行业的从业人员就超过千万,它给地方政府和社保体系带来巨大压力。不仅如此,制造业吸纳的就业可能会持续弱化,从 2004 年到 2011 年,中国工业经历了持续扩张,其吸纳的劳动力也在上升,但从 2014 年开始,工业投资和增加值持续低迷,显示后续工业将释放而不是吸纳失业压力。以往每年数以千万计的退休—募新更替潮将持续退潮。在 2016 年元旦过后,工人春节返乡的节奏较之往年提前了 1~2 周,显露了制造业释放失业压力的先兆。

二是以青年农民工为主体的非熟练劳动力的就业趋难。以往楼市、家政、物流、零售等行业创造了大量就业岗位,但东南沿海的上述行业已开始出现增长乏力迹象,工人工资议价能力显著下降。家政、商贸等领域的就业起薪开始不升反降,服务业作为就业蓄水池,其积蓄容量增长迟缓。

三是中国农产品价格承受的下行压力将释放。这既是国内粮食供求失衡和收储政策面临的困境,也是国内外粮食价格差异拉大带来的压力。总体上粮食价格的下行会缩减农民务农收入,尤其是种粮大户的收入。叠加打工和务农收入均承压的影响,农村消费增速也会受限。而以往 3~4 年,县域及以下消费一度是中国消费增长的亮点。

四是高校毕业生求职的压力不减。这种摩擦性失业,主要是高校毕业生求职意愿集中在大都市办公室白领,愿意进入私营实体企业做技术蓝领者太少所致。而中国高等教育其实早已进入大众教育阶段。大学生对自身的定位和求职意愿,带来了隐形失业压力,家庭被迫吸纳这种失业压力。

总体而言,过去 5 年中,人们误以为即便经济增长持续下滑,也无碍每年数以千万计的新增就业。造成增长和失业脱钩的关键因素,在于稳增长掩盖了缺乏重大进展的结构转型。从 2016 年开始,增长滑坡带来的失业压力将显性化,劳动力市场上的弱势群体将主要来自三方面:一是去产能化行业的职工,二是以务农为主的农民工,三是高校毕业生。中国劳动力市场将出现求职困难甚至薪酬降低的痛苦调整,它也将冲击中国目前唯一可靠的经济增长引擎,即消费。

如何应对可能降临的失业潮和降薪潮?

一是社会安全网要奏效,尤其应有应对农产品价格下跌对农村中低收入群体和种粮大户的安抚预案;二是在推进结构转型进程中,更多地将公共资源注入社会保障体系建设,关注人本身,将大量公共资源消耗在换取经济增速的稳定上;三是适当调整高等教育的精英倾向,正视其已进入大众教育的现实,避免坐而论道式的高等教育和求职谋生之间的鸿沟;四是将社会保障体系建立在和国家经济实力、经济发展阶段相匹配的可持续的水平上,避免政府过多包揽。

合并深圳惠州，建立直辖大深圳

在中国改革开放进程中，粤港深一直有其独特的作用，如果将其比喻为中国社会和经济转型的画龙点睛之笔，似乎也并不过分，但如今情况有点尴尬。

粤港深之中的香港，笔者认为很难再有奇迹表现。香港的现状，主要还是其自身治理能力、产业升级能力和收入分配格局所致。在 1997 年香港回归时，香港 GDP 相当于北上广深之和还多，当时香港的地方治理，相比内地仍有一定优势。香港的实体经济从纺织、服装、玩具到电子信息的升级也比较顺利。到今天，除了地产、金融，香港似乎看不到更出色的产业了。豪门和底层的冰火割裂，也使社会分层加剧。以香港的现状和趋势来看，其金融地位会受到上海强有力的挑战，其在高新技术领域也许已不能和深圳相提并论。

香港的尴尬，令人想到 10 年前，包括笔者在内的一批内地学人，曾建议港深一体化，将香港自由开放市场经济体制复制到深圳，以使港深一体化之后的香港获得更广阔的发展空间。广东和深圳地方政府也曾向香港释放强烈而真诚的合作意愿。但时过境迁，目前再讨论港深一体化已不现实。

在粤港深之中的广东，早在汪洋任职时期就提出产业升级，腾笼换鸟。考虑到广东经济体量较大，受到港澳投资影响较深，广东国有经济成分也比较大，其转型升级确实需要时间和空间。尽管广东也提出过粤港澳自贸区等设想，但可行性受到质疑。而珠三角经济发展始终是省域之内的战略，难以成为跨省区域合作战略。看起来，要期待广东在新常态中率先发挥创新试点功能，面临的制约因素较多。

广东的阵痛，让人不得不正视广深之间剪不断、理还乱的关系。和以移民文化为主、大胆创新、忌讳较少的深圳相比，广州所传承和背负的东西，比从小渔村脱胎而来的深圳要沉重得多。广州和深圳虽然相距不远，但在政府效率、转型节奏和城市氛围等方面，存在不小的差异。

由于深圳至今仍是广东省辖的城市，广东和深圳之间，政策磨合、冲突和协调的困难也在加大。长期以来，很少有人讨论广深一体化，原因也正在此。属于江苏的苏州尽管也受制于南京，受上海辐射，但苏州的社会经济治理结构，和苏沪几乎没有差异，所以苏州经济发展虽耀眼，却和沪宁相安无事。但介乎香港和广州之间的深圳，其改革开放崛起的历程，使其具有有别于粤港的独特气质。

在粤港深之中的深圳，从七八年前人们在网络上热议深圳的没落，到如今再度焕发光彩，深圳再度给中国增长创新带来了深思。

这个狭窄的城市，没有什么国家重点项目的落地，没有太庞大的国有经济，没有依赖投资支撑经济，却俨然已成为中国高科技产业的摇篮，日益具有成为中国硅谷的潜质。许多人已忘记了如今让人趋之若鹜的高新技术博览会，其前身曾是默默无闻的"荔枝节"。尽管如此，深圳的未来之路，仍然受到相当多的体制和城市布局的制约。

因此，我们在此抛出的粗糙设想是：合并深圳和惠州，将其建成大深圳直辖市。为什么是惠州，而不是东莞或其他区域？这主要出自地域、资源和产业结构的考虑。为什么必须直辖？从地理、治理和创新看，中国东南确实需要一个具有实实在在的引领中国经济突围的大招。

一个直辖的大深圳，也更有利于平衡粤港深三者之间的失衡迹象。

香港所忧为内伤,不是跌打损伤

近期香港经济不被看好,楼市已经进入下行周期,引发了人们的关注,有人将其与1998年金融阻击战时期相提并论。这看起来并不真切。在我看来,好消息是,港府应该能应对得过来;坏消息是,令人担心的不是1998年那样严重的跌打损伤,而是香港经济面临长期难愈的内伤。

回顾一下1998年,当时亚洲有较多外汇储备的泰国首先倒下,导致东亚危机。随后,对冲基金对香港动手。当下流行的说法是这样的:第一,在准备期,对冲基金持续不断用美元买入港币,使港币面临升值压力;同时对冲基金持续买入恒生指数成分股,使香港股市温和上升。这个为囤货备攻阶段。第二,在实施期,对冲基金在恒生股指期货开空仓,同时持续抛售港币,迫使金管局应对贬值压力而不得不提升短期利率;对冲基金同时也大手抛售恒生指数成分股,叠加短期利率飙升的效应,导致港股大跌。第三,在收获期,对冲基金其实在汇市交易是亏损的,在股票现券交易上也是亏损的,但这些亏损可由股指期货的盈利全部弥补。最终对冲基金能够实现盈利。以索罗斯为首的对冲基金进行这种宏观对冲策略时,捕捉的是联系汇率制和短期利率之间的跷跷板效应,以及当时恒生指数构成简单容易操纵的缺陷。索罗斯曾将香港货币机制的缺陷称为他的"提款机"。

香港金融阻击战的原因,在于港府外汇储备和土地基金面临耗尽之虞,香港汇市、股市岌岌可危,同时恐慌情绪也导致了楼市的抛售。时任国务院总理朱镕基表态,中央政府会支持香港政府。港府采取了坚决行动,直接猎杀对冲基金。其操作策略和对冲基金完全相反。这是一场资金和意志的较量。不足两周,对冲基金全面溃败,港府迅速反守为攻,在现券市场不断对敲成分股以推高恒生指数,在期货市场不断增持多头合约。最终对冲基金没有敢放手大赌,认赔平仓出局。此后,港府因阻击战购入成分股而形成了盈富基金,数年后还建议以该基金的模式,解决中国内地的国有股减持问题。

对于东亚危机,克林顿事后形容其为东亚增长之路上的小小颠簸。也许可以这么说,香港金融阻击战发生在 1998 年,与香港回归的关系不显著,只是泰国、韩国等分别倒下的时点,恰好和香港回归有所重叠。香港经济在阻击战之后的逐渐复苏也显示出,索罗斯等的阻击对香港经济而言,是急性跌打损伤,并没有造成持续内伤。

当下,有人说,香港资产价格剧烈动荡,似乎是在重演 1998 年的状况。我不同意这种看法。

第一,去年以来港股下跌,主因在于全球股市下挫,根源在于全球量宽政策之后的庞大资产泡沫。以美股为例,在 2015 年 9 月开启下跌大幕之前,美股较次贷危机时的最低点持续上升了逾 250%,全面超越了次贷危机前的水平。美联储加息带来的美元政策拐点,给包括港股在内的全球股市带来持续压力。和美日等股市的调整相比,港股并无特异之处。第二,港币汇率一度承受巨大压力,包括 6 个月及以上外汇期货价一度跌出港府联系汇率制下限,显示了香港当时在经受资本外流。从港币短期利率看,从港府所拥有的外汇储备看,港府有较为充裕的能力维持港币稳定。第三,香港楼市的下跌并非源于当下,在过去两年左右,市场已形成下跌预期。总体看,香港楼市也并非在近期急跌,而是处于断续下跌,且仍将继续下跌。因此,我们没有看到类似 1998 年金融阻击战那样大规模的血雨腥风,香港当下资产价格的颓势和全球相称,并伴有香港未来困局的特色。反过来说,当下香港汇市、股市、楼市遭遇的困境,和 1998 年时相比,只是小瘀青类的皮肉伤而已,这当然值得警惕，但更令人担忧的还是香港经济的内伤。

如果香港社会面临解构之中的重构，那么，香港经济的困境很可能十分长久，这可以粗略地从五个角度来观察。

第一，"亚洲四小龙"奇迹不再。香港不会例外。撇除内地因素，香港作为"亚洲四小龙"之一，其缔造繁荣的机遇，在于开放外向增长的华盛顿共识和全球化时代。随着东亚模式的淡出和全球化的倒退，"亚洲四小龙"都在发展模式上陷入挑战。台湾下坠得最早，并且当下也看不出有什么起色，香港和韩国也境况不佳，只有新加坡在苦撑。我之所以赘述这些，是想说明民主是现代社会不可或缺的要素，但不是万能神药，中国台湾地区30年的民主历程也是台湾经济不断无感的过程，民主可能也不是给香港带来立竿见影的经济繁荣的药方本身。从理论和实践看，民主和经济增长之间似乎没有特别清晰的关系。

第二，香港权贵经济终结。就香港产业结构的变迁看，最终走到了以金融和地产为主的地步，并逐渐停止创新和进化。香港很多商业模式有其市场远见，也有官商勾结的一面。就个人财富和个人奋斗的历程而言，香港显赫的商人群体无可指摘，但强势的权贵，可能也严重扼杀了香港经济的活力，并将其推向"金融＋地产"的畸形之路。

第三，严重的贫富分化，带来了庞大的底层民众以及生存和发展困窘的年轻族群。

第四，选择内地人那一套，还是西方人那一套？香港的好处在于它是亚洲重要的金融中心，同时又是和内地交往的窗口。香港以前的繁荣，部分是因为内地经济发展，官员和企业家愿意谦虚地按西方人那一套，来和外国人、外资企业打交道。香港既维护也向内地输出了这一套规则，这在很大程度上造就了深圳和珠三角地区的繁荣。这也是香港曾经日渐汇聚全球跨国公司总部的动力源泉。但是，现在中国内地的影响力上升，香港要如何选择？

第五，如果香港有自身的内伤，那么，内地的支持在多大程度上可以阻挡香港的滑落？以楼市为例，是托举香港楼市，还是推动港府提供更多的廉租房？以汇市为例，钉英镑后钉美元的联系汇率制，本身可能就是多余的，也就是说，问题的根源在于港币逐渐失去了存在的必要，要么美元化，要么人民币化。从香港广义货币的外汇占比可以看到，绝大多数香港人习惯了港币和外汇各存一半，港币升值还是贬值对香港家庭金融资产的影响不大。以股市为例，内地A股和香港股市并没有表现出明显的融合迹象，从2015年年初至今，A股的溢价率不断上升，并非始于近日。我倾向于认为，由于香港未来社会经济重构的周期漫长，A股溢价率上升更可能促使港股私有化之后回归A股，而不是由港股通推动内地资金巨额流出。考虑到中国经济增长转型的痛苦，中国政府甚至对内地实体经济、股市楼市都不愿采取大规模刺激措施，更何况是香港汇市、楼市和股市？

综合看来，香港并不惧怕1998年那样的跌打损伤，当下香港资产价格和楼市的动荡，大部分是全球谐振。考虑到未来香港经济转型的漫漫长路，香港资产价格的下跌，可能才刚刚开始。而港币告别历史舞台，可能也只是时间问题。

图书在版编目（CIP）数据

中国经济还好吗？：新常态下的财富困局与突围契
机 / 钟伟著. —杭州：浙江大学出版社，2017.1
ISBN 978-7-308-16485-6

Ⅰ.①中… Ⅱ.①钟… Ⅲ.①中国经济－宏观经济－
研究 Ⅳ.①F123.16

中国版本图书馆 CIP 数据核字（2016）第 284602 号

中国经济还好吗？ 新常态下的财富困局与突围契机

钟 伟 著

责任编辑　杨　茜
责任校对　杨利军　　高士吟
封面设计　卓义云天
出版发行　浙江大学出版社
　　　　　（杭州市天目山路 148 号　邮政编码 310007）
　　　　　（网址：http://www.zjupress.com）
排　　版　杭州中大图文设计有限公司
印　　刷　杭州钱江彩色印务有限公司
开　　本　710mm×960mm　1/16
印　　张　14.25
字　　数　207 千
版 印 次　2017 年 1 月第 1 版　2017 年 1 月第 1 次印刷
书　　号　ISBN 978-7-308-16485-6
定　　价　42.00 元

版权所有　翻印必究　　印装差错　　负责调换
浙江大学出版社发行中心联系方式：0571－88925591；http://zjdxcbs.tmall.com